범어 능엄주진언

梵語 楞嚴呪眞言

박지명

영남대 국문과 졸업하고 1974년부터 인도명상을 시작했다. 오랫동안 인도에 머물면서 상카라촤리야(Shankaracharya)와 아드바이트 마트(Advait Mat) 법맥인 스승 스와미 사르바다난드 마하라즈(Swami Sarvadanand Maharaj)에게 인도명상, 인도 수행체계, 산스크리트 경전을 공부하였다.
현재 산스크리트 문화원(Sanskrit Cultural Institute)과 부설인 히말라야명상센터(Himalaya Meditation Center)를 세워 참나 명상(眞我冥想)인 〈아트마 드야나(Atma Dhyana)>, 자아회귀명상(自我回歸冥想)인 〈스바 삼 비드야 드야나(Sva Sam Vidya Dhyana)>를 가르치고 산스크리트 경전들을 번역하며 보급하고 가르치고 있다.

저서로는 바가바드 기타(동문선), 요가 수트라(동문선), 우파니샤드(동문선), 베다(동문선), 반야심경(동문선), 불교범어진언집(하남출판사), 인도호흡명상(하남출판사), 범어 신묘장구다라니(하남출판사), 범어 관세음보살42수진언(하남출판사), 범어 금강경(하남출판사), 하타요가프라디피카(동문선), 요가수트라(아마존(Amazon) 출판사), 하타요가프라디피카(아마존(Amazon) 출판사), 양한방 자연요법 내몸건강백과(웅진윙스), 호흡명상(물병자리), 명상교전-비그야나바이라바 탄트라(지혜의 나무) 등이 외 다수가 있다.
역서로는 모든 것은 내 안에 있다(지혜의 나무), 히말라야성자들(아힘신), 요가(하남출판사), 자연요법백과시리즈(하남출판사), 마음 밖에는 아무것도 없다(물병자리) 등 외 다수가 있다.

Tel. 02-747-3351
홈페이지 www.sanskrit.or.kr

범어 능엄주진언

지은이　박 지 명
펴낸이　배 기 순
펴낸곳　하남출판사

초판1쇄 발행　2017년 3월 1일
초판2쇄 발행　2022년 4월 15일

등록번호　제10-0221호

주소　서울시 마포구 두 하동 173(삼창프라자) 1521호
전화번호　(02)720-3211(代)　/　팩스 (02)720-0312
e-mail　hanamp@chol.com

ISBN　978-89-7534-233-2 (93220)

범어 능엄주진언

梵語 楞嚴呪眞言

शूरङ्गामा समाधि धारणि

𑖫𑖳𑖨𑖒𑖿𑖐𑖦 𑖭𑖦𑖯𑖠𑖰 𑖠𑖯𑖨𑖜𑖰

Śūraṅgama Samādhi dhārani

수랑가마 사마디 다라니

하남출판사

저자 서문

산스크리트어(梵語) 능엄주진언을 펴내며

수능엄경(首楞嚴經)은 '능엄경(楞嚴經)'이라고도 불리는데, 산스크리트어로는 수랑가마 사마디 수트라(Śūraṅgama Samādhi Sūtra)이다.
수능엄의 수랑가마(Śūraṅgama)는 산스크리트어로 번뇌를 끊어 버리고 부숴지지 않는다는 뜻이다.

능엄주(楞嚴呪)는 산스크리트어로 수랑가마 만트라(Śūraṅgama Mantra)이며, 대승경전의 핵심경전인 수능엄경 안에 있는 진언이다.
다른 말로는 '대불정다라니(大佛頂陀羅尼)'라고 한다. 우리나라에는 고려시대나 조선시대의 대승불교나 선불교(禪佛教)에서 사용된 주요 경전으로 알려져 있다.

부처님 입멸 후에 불교가 가장 융성했던 시대인 아쇼카(Asoka)왕 이후에 스리랑카로 근본불교인 남방불교가 팔리어로 전해졌다.
그 후에 인도에서 대승불교가 발전하였는데, 고전 산스크리트어와 함께 많은 산스크리트 불교경전이 쓰여졌다. 그러한 산스크리트 경전이 인도의 구마라습(鳩摩羅什)스님과 중국의 현장(玄奘)스님에 의해 한역되었으며, 티벳에서는 서장어(西藏語)로 번역되었다.

그러나 대승불교의 보고(寶庫)라고 할 수 있는 나란다(Nalanda) 대학의 엄청난 자료들이 아쉽게도 알렉산드리아(Alexandria)의 도서관처럼 불에 타 사라지면서 대승불교의 산스크리트 원본 자료들은 사라지고 한역(漢譯)과 서장어(西藏語), 산스크리트어의 변형인 실담어(悉曇語, Siddham)만 남았다.
이후 불교문화는 계속 진행되었고 중국에서는 선불교가 발전하여 대승불교와 같이 동북아시아인 한국과 일본으로 전해졌다.

능엄경은 대승불교와 선불교와 깊이 연관되어 있는 경전이다. 능엄경에 담겨있는 대승경전의 핵심은 위대하다.
혹자는 이 경전이 위경(僞經)이며 능엄주가 인도의 힌두교와도 연결되어 있다고도 하나 이 경전의 위대함은 그런 것을 다 포용할 수가 있다. 비록 능엄경의 산스크리트어는 없지만 모든 문화를 포함한 능엄주 안에서 대승불교와 선불교의 중심인 능엄경의 향취는 느낄 수 있다.

능엄경과 능엄주는 우리 불교의 역사와 함께 해온 경전이자 진언이라 친밀감을 느낄 수가 있다. 요사이 실담어로 쓰여진 경전을 산스크리트로 독송하는 단체나 개인들이 인터넷에 생겨나고 있다.
이 같은 현상을 보며, 본래의 경전에 근접한 경전이 많이 나오기를 바라는 마음에서 이 기록을 시도하였다.

여기에 기록된 능엄주 는 당(唐)나라 불공(不空)스님의 실담 능엄주와 방산석경판(房山石經版)을 많이 참조하였다.
이 산스크리트어 능엄주 진언이 부디 많은 불자들에게 조금이라도 도움이 되었으면 하는 마음이다.

이 능엄주 책을 고향의 존경하는 손지산 형님과 서말희 형수님께 바친다. 그리고 제자 이정훈, 남경언, 김영창, 최은진, 이수진, 정진희, 김윤정, 하정자, 최효겸, 윤순엽, 하민용, 최재원, 송의진, 강승찬, 김지민, 우문희, 김용민, 정용환씨와 고향의 후배 우병철, 김현우, 김정렬, 김대건에게 바친다.

이 능엄주 편찬을 독려해 주신 최영보, 이경희님께 감사드린다. 많은 다양한 판본들로 능엄주 공부를 같이 하면서 교정에 도움을 준 조미현 보살님과 능엄주 책을 독자로써 읽고 도움을 주신 이성환님과 여러 독자분들에게 감사드린다.

이 책을 출판해준 하남출판사 배기순 사장님께 감사드린다. 불교에 관심이 많은 나의 가족들과 세상을 떠난 나의 부모님과 형님과 제자에게 이 책을 바친다.

수능엄경(首楞嚴經)과 능엄주(楞嚴呪)에 대하여

수능엄경(Śūraṅgama Samādhi Sūtra)과 능엄주(Śūraṅgama Mantra)는 대승불교의 위대한 경전 중에 하나이다. 수능엄경은 당나라 시대인 705년에 중부 인도의 반랄밀제(般剌密帝)가 산스크리트를 한역하였다.

본경은 진짜가 아니라는 말도 있지만 당나라의 규봉종밀(圭棒宗密)스님이 찬술한 원각경대소에 능엄경을 중시한 이후에 영명연수(永明延壽)스님은 종경록에서 능엄경을 광범위하게 인용하였다.
명나라의 학자 전겸익(錢謙益)은 연수스님의 3종의 학자들을 모아 종경록 100권에서 능엄경 근거를 참조하였다.

원래 수능엄경 또는 능엄경의 명칭은 한역으로 '대불정여래밀인수증요의제보살만행수능엄경(大佛頂如來密因修證了義諸菩薩萬行楞嚴)'이다.
종밀, 연수 스님에 이어 장수자선(長水子璿)스님은 화엄학의 입장에서 능엄경의소주경(能嚴經義疏住經) 20권을정립하고 능엄대사로 칭송을 받았다.

중국 송나라 해석에서 대불정(大佛頂)은 이 경의 진리 그 자체인 법체이며 여래밀인수증요의(如來密因修證了義)는 불과(佛果)로 수행 성과로 중생을 이롭게 한다는 것이며, 제보살만행수능엄(諸菩薩萬行楞嚴)은 자타의 수행을 이룩한다는 뜻이다.

우리나라에서도 고려의 보환(普幻)스님은 '능엄경환해산보기(能嚴經環解刪補記)'를 1265년에 저술하였으며, 조선시대에는 연담(蓮潭)스님과 인악(仁嶽)스님은 '능엄경사기(能嚴經私記)'를 저술하였다.
근래에는 운허(耘虛)스님이 한역을 하였다.
능엄경은 우리나라의 불교강원에서도 금강경(金剛經), 원각경(圓覺經), 대승기신론(大乘起信論)과 함께 사교과(四教科) 중의 하나로 공부하고 있다.

수능엄경은 대승불교의 정점인 반야경과 법화경의 중간에 설하여 여래의 비밀스런 가르침과 보살의 수행을 할 수 있는 대승의 정점을 말해준다.
수능엄경은 10권으로 나뉘어져 있으며, 부처님의 제자인 아난 존자가 걸식수행 중에 마등가녀의 환술(幻術)에 의해 빠졌다가 부처님의 가르침에 의해 벗어나는 것을 보여준다.

부처님의 육입(六入), 십이처(十二處), 십팔계(十八界), 칠대만법(七大萬法)인 땅(地大), 불(火大), 물(水大), 바람(風大), 공(空大), 바라봄(見大), 인식(識大)들은 산스크리트어로 여래장(如來藏)이란 타타가타 가르바(Tathāgata Garbha)인데, 그것은 여래의 미묘한 진리의 성질이라는 여래장 묘진여성(如來藏 妙眞如性)이라는 것을 말한다. 부처님은 아난존자에게 원통법문(圓通法問)에 대한 가르침을 준다.

25원통이란 것을 가르쳐주는데, 그것은 육근(六根)인 안이비설신의(眼耳鼻舌身意), 육진(六鎭)의 색성향미촉법(色聲香味觸法), 육식(六識)의 안이비설신의(眼耳鼻舌身意), 칠대(七大)의 지수화풍공견식(地水火風空見識)을 종합적으로 맞게 수행법을 가르쳐주는 것이다.
허공장보살(虛空藏菩薩)의 공관(空觀)과 미륵보살(彌勒菩薩)의 유식(唯識)을 비판하고 25원통의 마지막인 관세음보살의 이근원통(耳根圓通)을 가르친다.

관세음보살은 문(聞) · 사(思) · 수(修)의 삼혜(三慧)를 닦고 육도중생을 평등한 자비로 구원한다고 하였다.
마지막으로 대세지보살이 염불과 다라니를 말한다. 능엄경은 염불 · 진언 · 다라니를 외우는 수행을 중시하는 밀교계 경전이기에 관세음보살을 내세워 허공장보살의 공관도 부족하고 미륵보살의 유식도 부족하다고 한 것이다.

능엄주는 7권에서 어떠한 무거운 죄업을 지었더라도 금강장왕보살의 보살핌을 받는다고 하였다.

삼매에 대해서 얘기하면서 삼점차(三漸次), 초간지혜지(初幹慧地), 십신(十信), 십주(十住), 십행(十行), 십회향(十廻向), 사가행(四加行), 십지(十地), 등각(等覺), 금강묘혜(金剛妙慧), 묘각(妙覺)의 57위를 밝혔다. 그리고 중생의 업력에 의해 태어나는 색계 18천(天)과 무색계에 대하여 말하였다. 수행에서 일어나는 50가지의 마경(魔境)에 대하여 말하였다.

수능엄신주는 한자로 427자로 되어 있다. 다른 모든 진언이나 다라니를 넘어 선다고 한다. 즉 관세음보살과 대세지보살의 이근원통(耳根圓通)과 염불법(念佛法)을 나타낸 것이 능엄신주이다.
능엄신주는 능엄신주를 제외한 모든 다른 진언의 다라니를 넘어선다는 것이다. 다른 밀교경전에는 여러 다라니를 같이 하라고 하지만 능엄신주는 이 다라니만 외우면 된다고 하는 것이다.

능엄주의 효과에 대해서는 수능엄경 7권에 잘 나타나 있다. 능엄주의 주력에 대해서는 다음과 같은 일화가 전해진다.
부처님의 10대 제자 중에 아난다 또는 아난존자가 있었는데, 그는 부처님에게 질문을 많이 하여 다문제일(多聞第一)의 제자로 알려져 있다.
그는 부처님의 사촌이면서 8세 때 출가를 하였으며 워낙 얼굴이 잘생긴

미남이어서 여자들의 유혹이 여러 번 있었다고 한다. 그가 '마등가'라는 여자의 유혹을 받아 계율을 깨려는 상황에 처하게 되었는데 부처님이 능엄주의 신통력으로 구해주었다고 한다.

능엄주의 효력에 대하여 부처님의 말하기를,

"불정광취(佛頂光聚)의 미묘한 구절인 비밀스런 가타(Gāthā, 伽陀)의 모든 세계를 나타내는 시방세계의 부처님이 이 심주(心呪)를 통하여 올바른 깨달음을 이루었으며 모든 부처님이 이 심주를 통하여 마구니들을 항복을 받게하고 외도들을 통제하였다.

시방의 부처님이 이 심주로 보련화에 앉아 작은 먼지 같이 수많은 국토를 응하고 시방의 부처님이 이 심주로 먼지 같이 수많은 국토에서 커다란 법륜을 굴리신다.

시방의 부처님이 이 심주를 가지고 시방에서 이마를 만지면서 부처님이 인가해주는 수기(授記)를 하고 스스로 과업을 못 이루었더라도 시방에서 부처님의 수기를 받는다.

시방에 부처님이 이 심주에 의지하여 여러 고통을 구제하는데 지옥, 아귀, 축생의 괴로움과 맹인, 귀머거리, 벙어리, 절름발이의 괴로움과 원수, 미운 사람을 만나는 괴로움과 사랑하면서 이별하는 괴로움, 구해도 얻지 못하는 괴로움, 오음이 불꽃같이 무성함과 크고 작은 횡액을 동시에 해탈하게 하고, 도적의 난리와 전쟁의 법망에 걸리는 것과 갇히는 재난, 바람, 물, 불의 재난과 목마르고 배고프며 가난함을 생각에 따라 없어지게 한다.

시방의 부처님이 이 심주를 행하므로서 시방에 친하고 인연 있는 이들을 받아들여 모든 소승들로 하여금 비밀의 법을 듣고도 놀라지 않게 한다.

시방의 부처님이 이 심주를 통하여 최상의 깨달음을 얻고 보리수 아래에 앉아서 큰 열반에 들어가셨다.

시방의 여래가 이 심주를 전해 멸도하신 후에 불법을 부촉하여 최후까지 굳게 지키게 하고 계율을 엄하고 청정하게 지켜 모든 것을 깨끗하게 한다.

만약 내가 이 불정광취 반다라주문(般多羅呪)의 무한한 공덕을 말하고자 한다면 아침부터 저녁까지 쉬지 않고 중간에 번복 되지 않게하여 항하사겁을 지내도록 설명한다 하더라도 다할 수 없느니라.

이 주(呪)를 여래정(如來頂)이라고도 하는데,
너희 유학(有學)들이 윤회를 완전히 끊지 못하였음으로 진정으로 발심하여 가장 높은 깨달음인 아뇩다라삼먁삼보리를 향하려하면서도 이 주를 지송(持誦)하지 않고 도량에 앉아서 몸과 마음으로 마구니의 일을 멀리 하려는 것은 옳지 못하다."라고 하였다.

실담어(Siddham, 悉曇語)에 대하여

실담어는 인도의 범어(梵語) 문자이며 중국에 전래된 인도의 범자(梵字)를 말하는 것이다. 이 문자가 중국에 들어와 '실담(悉曇)'이란 말로 정착된 것이며, 산스크리트어(Sanskrit) 또는 범어(梵語)로 된 경전들을 표기하려고 한 고대 산스크리트어의 변형된 문자이다.

산스크리트어는 베다(Veda)와 우파니샤드(Upanishad)경전에 기록된 고대 산스크리트어와 불교 이후 기원전 4세기경에 파니니(Panini)라는 학자가 쓴 문법서인 '아스타드야이(Astadyai)'라는 8장으로 된 문법서를 기초로 하여 고전 산스크리트어가 정형화되어 있다.

산스크리트어 경전들은 선험적(先驗的)인 경전이라는 절대 권위의 지식을 기록한 '스루티(Sruti)경전'이라고 하여 인도의 많은 경전 외에 불교경전에 많은 영향을 주었다.
대중적으로도 속어화가 되기도 하였는데 프라크리티(Prakriti)어와 팔리(Pali)어가 그 언어이다. 팔리어는 초기 불교경전을 기록하는데 쓰여졌다.

고대의 지중해 연안의 셈(Sem)문자에 기원을 두는 고대 인도의 브라흐미(Brahmi)문자가 굽타(Gupta) 왕조시대에 굽타문자로 발달하였다.
굽타문자로 알려진 실담어 경전들은 서기 6~7세기경에 동아시아로 불교가 보급되면서 중국, 한국, 일본으로 전해졌다.

실담어는 인도에서 불교가 가장 융성하였던 아쇼카(Ashoka) 왕 시대에 브라흐미(Brahmi) 문자 또는 싯담(Siddham) 문자로 알려졌다.
이 뜻은 산스크리트어로 '완성되어 있는 언어'이다.

이밖에도 칠담(七曇), 실담(悉談), 칠단(七旦), 실담(肆曇), 실단(悉壇) 등 갖가지 표기가 있지만, 일반적으로 오늘날 사용하는 것이 '실담(悉曇)'이다.

실담어 알파벳 숫자는 42자, 47자, 50자, 51자 등으로 일정하지는 않지만 당나라의 지광(智廣,AD 760~830?)스님의《실담자기(悉曇字記)》1권에는 모음 12자, 자음 35자 합쳐서 47자로 정리되어 있다.

지광스님은 남인도의 프라즈나 보디(Prajna Bodhi)인 반야보리(般若菩提) 삼장(三藏)이 엮은 것을 정리하였다. 일본의 진언종의 시조인 공해(空海, AD 774~835)스님이 중국에 유학하며 이 책을 가져가 그 후 많은 연구가 이루어져 실담어와 실담학이 다양하게 발전되었다.

한국에서는 실담학에 대한 정확한 기록은 없지만, 통일신라시대와 고려시대에 실담어 진언들이 발견되었다.
그 전통과 맥락이 조선시대 진언집(眞言集)으로 발전하였으며, 1569년에 간행된 안심사본(安心寺本) 진언집(眞言集)과 1800년의 망월사본(望月寺本) 진언집까지 실담어로 쓰여진 진언집이 남아 있다.
영험약초(靈驗略抄) 오대진언(五大眞言)과 각종 진언들이 이 진언집에 존재한다.

목차

서문

본문

제1장 능엄주진언 원문

1회 비로진법회(毘盧眞法會)

2회 석존응화회(釋尊應化會)

3회 관음합동회(觀音合同會)

4회 강장절섭회(剛藏折攝會)

5회 문수홍전회(文殊弘傳會)

제2장 능엄주진언 해석

제3장 능엄주진언 암송

부록

능엄주 진언
원문

백산개다라니(白山蓋陀羅尼)

नमाहः तधागते श्निसं सितात पत्रं अपराजितं प्रत्यङ्गरं धारणि

namaḥ tathagato ṣīnsāṁ sitāta patram aparājitam pratyangiraṁ dhāraṇī

나마흐 타타가토 스니삼 시타타 파트람 아파라지탐 프라트양기람 다라니

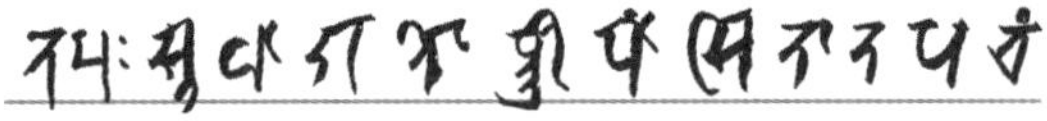

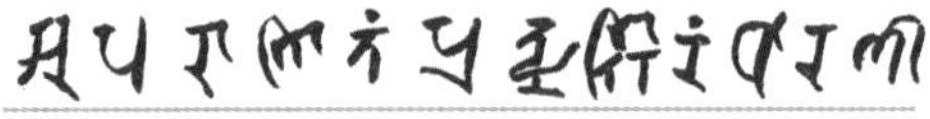

사타가토 스니삼 시타타 파트람 아파라지탐 프라트양기람 다라니

1회 비로진법회(毘盧眞法會)

비로진법회(毘盧眞法會) 원문

नमाहः र्सव सततसुगताय र्अहते सम्यक् संबुद्धस्य

namaḥ sarva satatasugatāya arhate samyak saṁbuddhsya

나마흐 사르바 사타타수가타야 아르하테 삼약 삼부따스야

나무살다타소가다야 아라하데삼먁삼붇다야

नमाहः सर्व सततबुद्ध केतिास्निसम् नमहः सर्वबुद्ध

namaḥ sarva satatabuddha koṭīṣṇīṣaṁ namaḥ sarvabuddha

나마흐 사르바 사타타부따 코티스니삼 나마흐 사르바부따

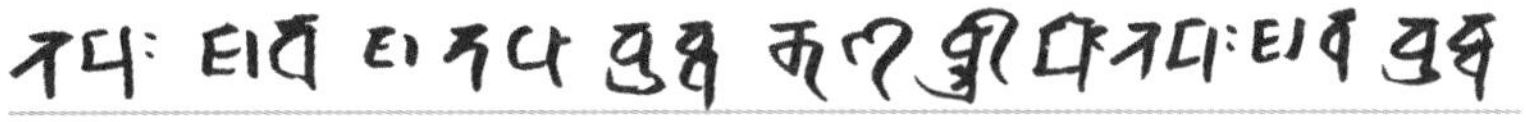

나무살바붇다 (부분 소실)

बेधीसत्त्वेयः नमहः सप्तानां सम्यक्संबुद्धकेतिानाम्

bodhisattvebhyaḥ namaḥ saptānāṁ samyaksaṁbuddhakotīnāṁ

보디사뜨베브야흐 나마흐 사프타남 삼야크삼부따코티남

보디사다베뱌 나무삽다남삼먁삼붇다구지남

सस्रवकसंघानं नमे लोकेअरातनां

saśravakasaṁghānāṁ namo lokearātanāṁ

사스라바카삼가남 나모 로케아라타남

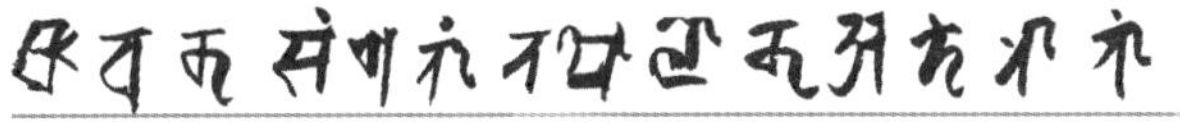

사시라바가싱가남 나무로계아라하다남

नमहः स्रेतपून्नानां नमहः सक्रदागामीनां

namaḥ srotâpannānāṁ namaḥ sakṛdāgāmiñaṁ

나마흐 스로타판나남 나마흐 사크르다가미남

나무소로다반나남 나무새가리다가미남

नामे अनागामिनां

namo anāgāminām

나모 아나가미남

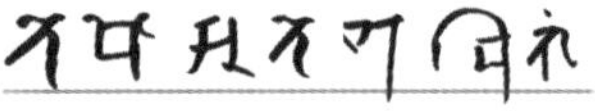

(부분 소실)

नामे लेके संद्दानां सम्यक्प्रतीपनानां

namo loke saṁghānāṁ samyakpratipannānāṁ

나모 로케 삼가남 삼약프라티판나남

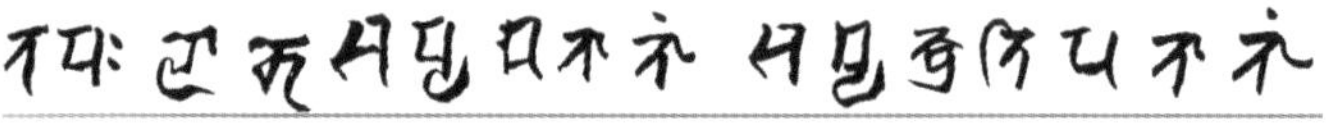

나무로계삼먁가다남 나무삼먁바라디반나남

नमे देवर्सिनां नमहः सीद्धय विद्य धरर्सिनां

namo devarṣīnāṁ namaḥ siddhaya vidya dhhararṣīnaṁ

나모 데바르시남 나마흐 시따야 비드야 다라르시남

나무데바리시남 나무미싣다야비디야다라남

शापनुग्रह सहस्त्र मर्थनाम नमे ब्रह्मने

śāpânugraha sahasra marthanām namo brahmane

사파누그라하 사하스라 마르타남 나모 브라흐마네

사바나게라하사하마라타남 사바나게라하사하마라타남 나무바라하마니

नमे इन्द्राय नमे भगवते रुद्राय

namo indrāya namo bhagavate rudrāya

나모 인드라야 나모 바가바테 루드라야

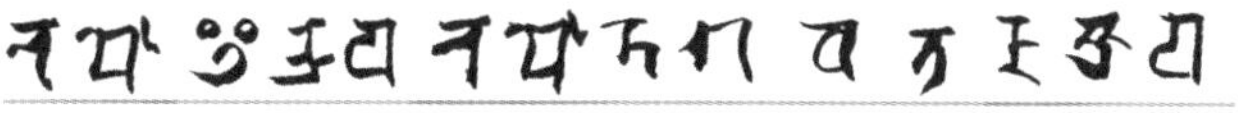

나무인다라야 나무바가바데 노다라야

उमापती सहीयाय नमे भगवते नारायनाय

umāpati sahiyāya namo bhagavate nārāyanāya

우마파티 사히야야 나모 바가바테 나라야나야

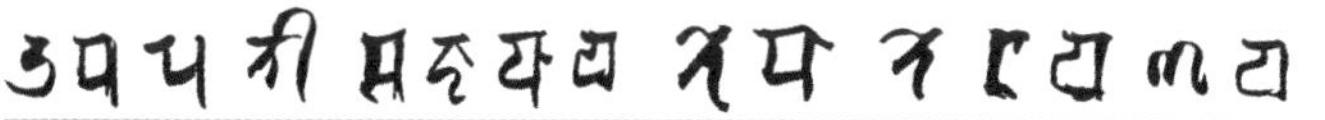

오마바디사혜야야 나무바가바데 나라연나야

पञ्च महा समुद्र नमस्कृताय

pañca mahā samudra namaskṛtāya

판차 마하 사무드라 나마스크르타야

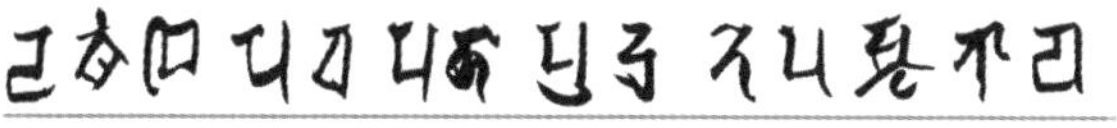

반자마하무다라 나무새가리다야

नमे भगवते महा कालाय

namo bhagavate mahā kālāya

나모 바가바테 마하 카라야

나무바가바데마하가라야

त्रिपुरा नगर वीद्रावन काराय अधिमुक्ती क्षमाशान नीवासीने

tripurā nagara vidrāvaṇa kārāya adhimukti śmāśāna nivāsine

트리푸라 나가라 비드라바나 카라야 아디묵티 스마사나 니바시네

디리보라나가라 비다라바나가라야 아디목다가시마샤나바시니

मातृ गनां नमस् क्रताय नमे भगवते तथागत कुलाय

mātṛ gaṇāṁ namas kṛtāya namo bhagavate tathāgata kulāya

마트르 가남 나마스 크르타야 나모 바가바테 타타가타 쿠라야

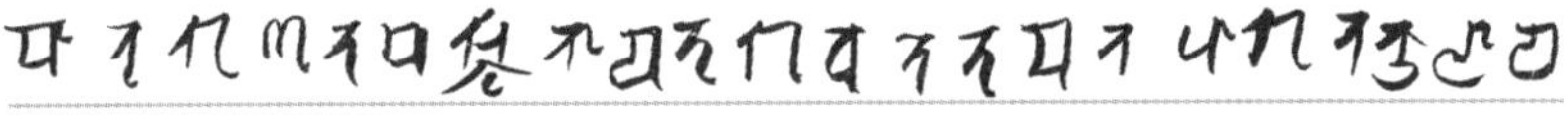

마다리가나 나무새가리다야 나무바가바데다타가다리구라야

नमे भगवतेभ पद्म कुलाय नमे भगवते वज्र कुलाय

namo bhagavate padma kulāya namo bhagavate vajra kulāya

나모 바가바테 파드마 쿠라야 나모 바가바테 바즈라 쿠라야

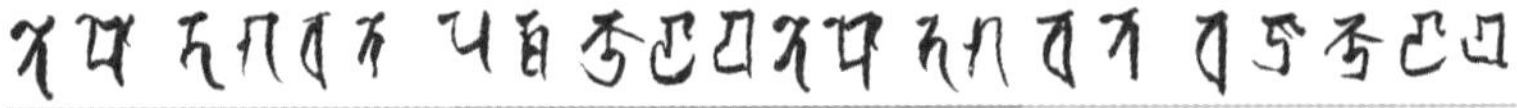

나무바두마구라야 나무바절라구라야

नमे भगवते मनि कुलाय नमे भगवते गज कुलाय

namo bhagavate mani kulāya namo bhagavate gaja kulāya

나모 바가바테 마니 쿠라야 나모 바가바테 가자 쿠라야

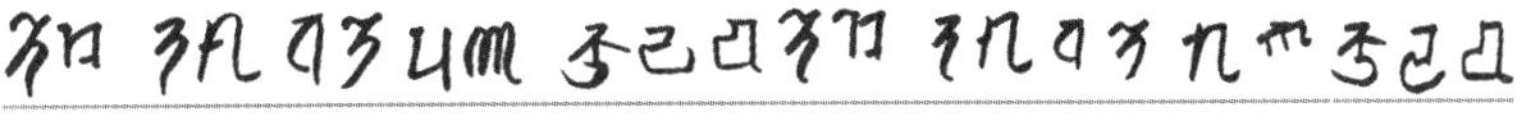

나무마니구라야 나무가사구라야

नमे भगवते र्छध शुर सेना प्रहरन राजाय तधागताय अर्हते संम्यक् संबुद्धाय

namo bhagavate dṛḍa śura senā praharana rājāya tathāgatāya

arhate samyak sambuddhāya

나모 바가바테 드르다 수라 세나 프라하라나 라자야 타타가타야

아르하테 삼약 삼부따야

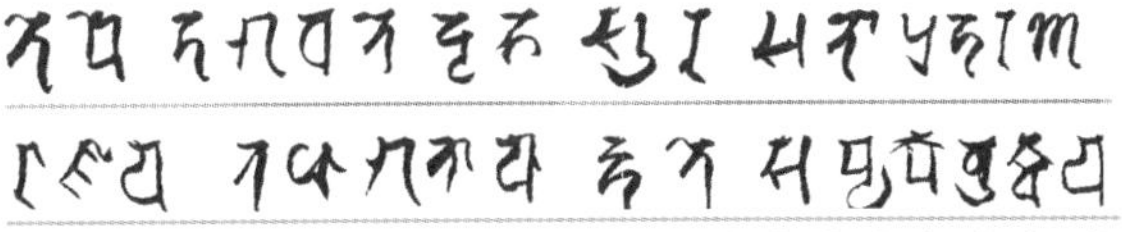

나무바가바데 다리닷라세나 바라하라나라사야 다타가다야 나무바가

바데 아미타바야 다타가다야 아라하데삼먁삼붇다야

नमे भगवते नमे अमिताभाय तधागताय

namo bhagavate namo amitābhābhāya tathāgatāya

나모 바가바테 나모 아미타바야 타타가타야

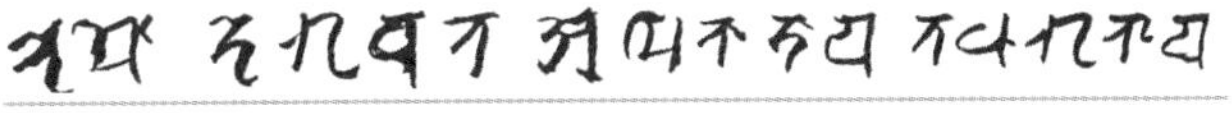

나무바가바데 나무바가바데 아추베야 다타가다야

अर्हते संम्यक् संबुद्धाय नमे भगवते अक्सेभय तधागताय

arhate samyak sambuddhāya namo bhagavate akṣobhya tathāgatāya

아르하테 삼약 삼부따야 나모 바가바테 아크소브야 타타가타야

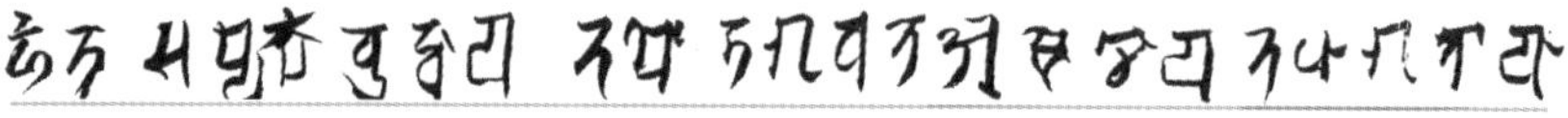

아라하데삼먁삼붇다야 나무바가바데 바사사구로볘유리리야 바라바라 사야 다타가다야

अर्हते संम्यक् संबुद्धाय

arhate samyak sambuddhāya

아르하테 삼약 삼부따야

아라하데삼먁삼붇다야

नमे भगवते भैसज्य गुरु वैदुर्य प्रभा राजाय तधागताय
अर्हते संम्यक् संबुद्धाय

namo bhagavate bhaisajya guru vaiḍūrya prabhā rājāya tathāgatāya arhate samyak sambuddhāya

나모 바가바테 바이사즈야 구루 바이두라야 프라바 라자야 타타가타야 아르하테 삼약 삼부따야

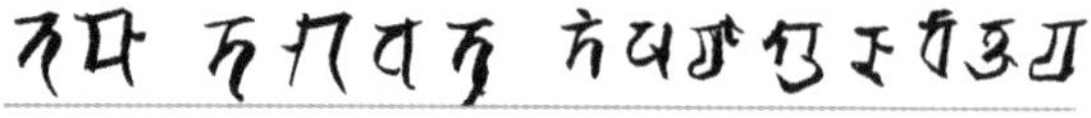

(부분 소실)

नमे भगवते सम्पुस्पिता सालेन्द्र राजाय

namo bhagavate sampuspītā sālendra rājāya

나모 바가바테 삼푸스피타 살렌드라 라자야

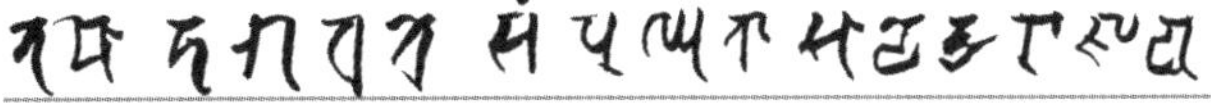

나무바가바데 삼포스비다사라라사야

तथागताय अर्हते संख्र संपुस्पिता नमे भगवते

tathāgatāya arhate samyak sambuddhāya namo bhagavate

타타가타야 아르하테 삼약 삼부따야 나모 바가바테

다타가다야 아라하데삼먁삼붇다야 나무바가바데

शाक्य मुनिये तधागताय अर्हते संबुद्धाय

śākya muniye tathāgāgatāya arhate samyak sambuddhāya

사크야 무니예 타타가타야 아르하테 삼약 삼부따야

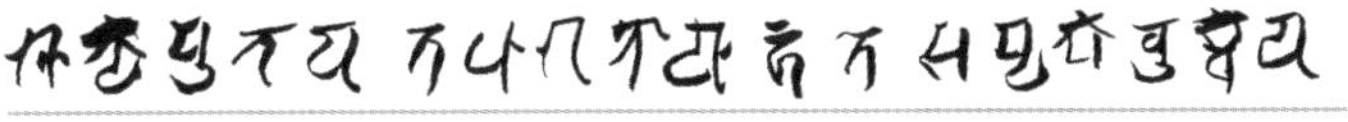

사갸야모나예 다타가다야 아라하데삼먁삼돋다야

नमे भगवते रत्न कुसुम केतु राजाय तथागथाय

namo bhagavate ratna kusuma ketu rājāya tathāgatāya

나모 바가바테 라트나 쿠수마 케투 라자야 타타가타야

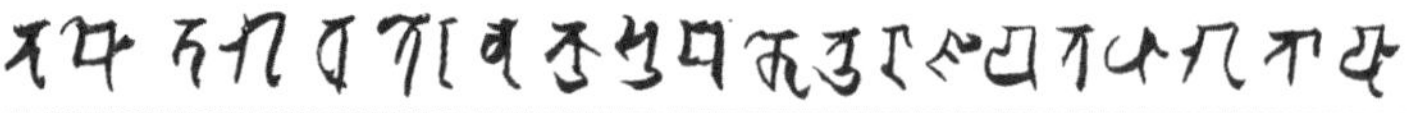

나무바가바데 라다나구소마 게도라사야 다타가다야

अर्हते संम्यक् संबुद्धाय तेभये तेसं

arhate samyak sambuddhāya tebhyo tesam

아르하테 삼약 삼부따야 테브흐요 테삼

아라하데삼먁삼붇다야데뵤

नमस् क्त एतद् इमं भगवत स तथागतेस्निसम् सिततपत्रम्

namas kṛta etad imam bhagavata sa tathāgatoṣṇīṣaṁ sitâtapatraṁ̆

나마스 크르타 에타드 이맘 바가바타 사 타타가토스니삼
시타타파트람

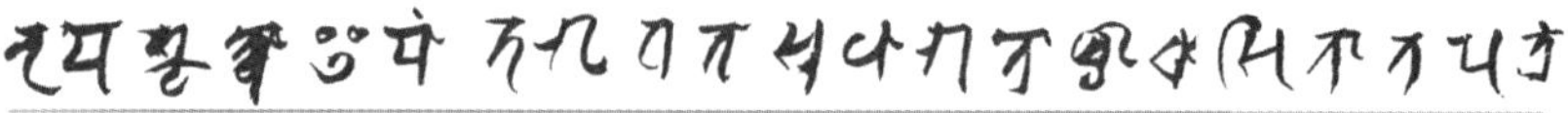

나무새가리다바이마함바가바다 살다타가도오스니삼 시다다바다람

नमपराजितम् प्रत्यह्णगरा र्सव देव नमर्स्क्तां र्सव देवेयः पुाजितं र्सव देवश्च परिपालितं र्सव भुात ग्रह

namaparājitam pratyaṅgirā sarva deva namaskrtām sarva deveb
hyah pūjitam sarva deveśca paripālitam sarva bhūta graha

나마파라지탐 프라트얀기라 사르바 데바 나마스크르탐 사르바 데베브
야흐 푸지탐 사르바 데베스차 파리파리탐 사르바 부타 그라하

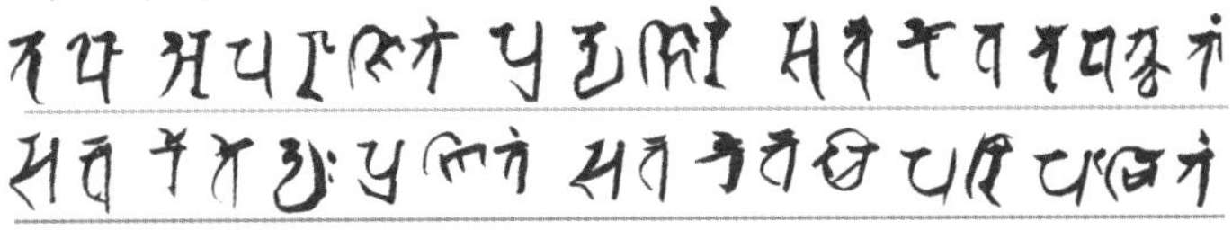

나무아바라지단 바라등이라

निग्रह करनिा पर विद्या छेदनिा

nigraha karanī para vidyā chedanī

니그라하 카라니 파라 비드야 체다니

살바부다게라하가라니 바라비디야체타니

अकाल मृत्यु परि त्तायन करि र्सव भन्धन मेक्सनिा करि

akāla mṛtyu pari trāyana karī sarva bhandhana moksaī kari

아카라 무르트유 파리 트라야나 카리 사르바 반다나 모크사니 카리

아가라미리쥬 파리다라야나게리 살바반다나목차나가리

र्सव दुस्त दुहस्वप्न निवारनिा चतुराशितिानिां

sarva duṣṭa duḥsvapna nivāranī caturāśītīnām

사르바 두스타 두흐스바프나 니바라니 차투라시티남

살바도시다 도사바나니바라니 챠도라시디남

ग्रह सहस्रनाम् विध्वंसन करि

graha sahasrānām vidhvamsana karī

그라하 사하스라남 비드흐밤사나 카리

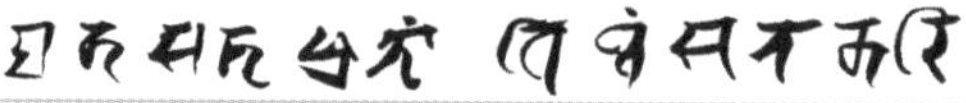

가라하사하사라남 비다방사나가리

अस्तविंशातिानां नक्सत्रानां प्रसादन करि

astaviṁ-śatīnām naksatrānām prasādana karī

아스타빔사티남 나크사트라남 프라사다나 카리

아스타빙설디남 낙찰다라남 바리사다나가리

अस्तानाम् महा ग्रहानां विध्वंसन करि

astānām mahā grahānām vidhvamsana karī

아스타남 마하 그라하남 비드밤사나 카리

이스타남 마하게라하남 비다밤사나가리

सर्व शत्रु निवारनाम् गुराम् दुझस्वप्नानं च नाशानि

sarva śatru nivāranām gurām duhsvanām ca nāśnī

사르바 사트루 니바라남 구람 두흐스바프나남 차 나사니

살바사도로니바라니 거라남 도스바발나난자나샤니

विास शास्त्र अग्न उइकरनं अपराजितगुरा

visa śastra agni udakaranām aparājitagurā

비사 사스트라 아그니 우다카라남 아파라지타구라

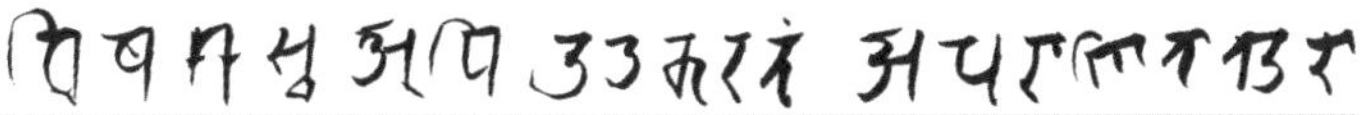

비사샤살다라 아기니 오다가라니 아파라시다구라

महा बल महा प्रचन्दि महा दिप्ता महा तेजाझ महा श्वेत महा ज्वाला

mahā bala mahā pracandī mahā dīptā mahā tejāh mahā śveta mahā jvālā

마하 바라 마하 프라찬티 마하 디프타 마하 테자흐 마하 스베타 마하 즈바라

마하 바라 전나 마하데다 마하데사 마하세비다 집벌라

महा बल पान्द्र वासिनि आंया तारा भृकुति

mahā bala pāndara vāsinī āryā tārā bhrkutī

마하 바라 판다라 바시니 아르야 타라 브흐르쿠티

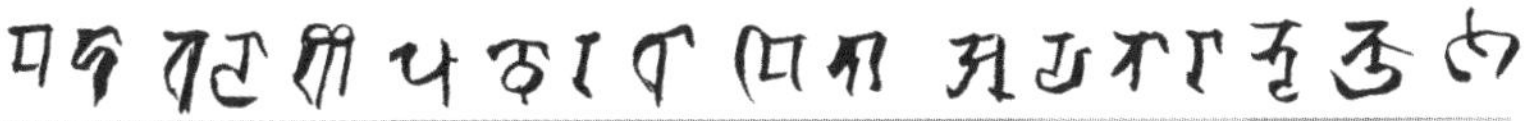

마하바라 반다라바시니 아리야다라 비리구지

चैव विजया वज्र मालेति विस्नुता पद्यका

caiva vijayā vajra māleti viśrutā padmakā

차이바 비자야 바즈라 마레티 비스루타 파드마카

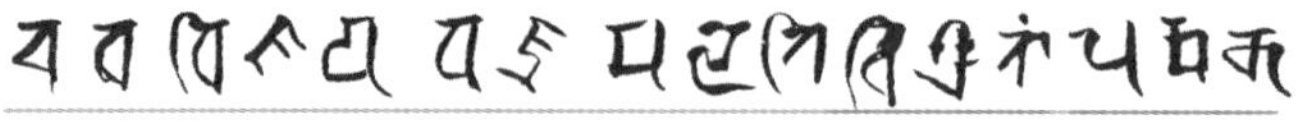

체바비사야 바절라마례디비슈로다 발답망가

वज्र जिवना च माला चैव अपराजिता वज्र दन्दि

vajra jivanā ca mālā caiva aparājitā vajra dandi

바즈라 지바나 차 마라 차이바 아파라지타 바즈라 단디

바절라아하바쟈 마라체바 바라짇다 발절라단디

विशाला च शंता शवितिव पुाजिता षौम्य रुपा माहा श्वेत

viśālā ca śamtā śavitiva pūjitā saumya rūpā māhā śveta

비사라 차 삼타 사비티바 푸지타 사움야 루파 마하 스베타

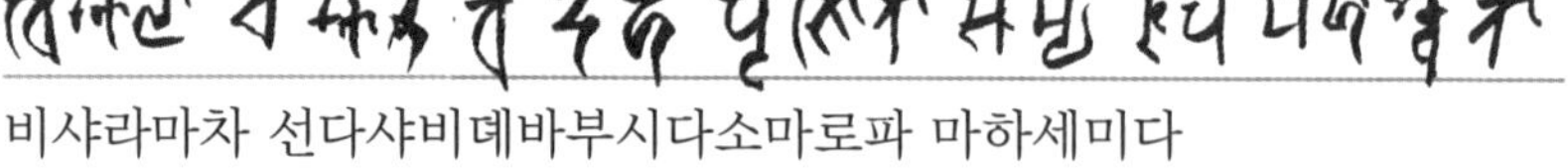

비샤라마차 선다샤비뎨바부시다소마로파 마하세미다

ऑया तारा महा बला अपर वज्र शंकल चैव

āryā tārā mahā balā apara vajra śamkalā caiva

아르야 타라 마하 바라 아파라 바즈라 삼카라 차이바

아리야다라 마하바라아파라 바절라샹가라제바다타

वज्र कुमारि कुलन् दारि वज्र हस्त चैव

vajra kumara kulan dari vajra hasta caiva

바즈라 쿠마리 쿠란 다리 바즈라 하스타 차이바

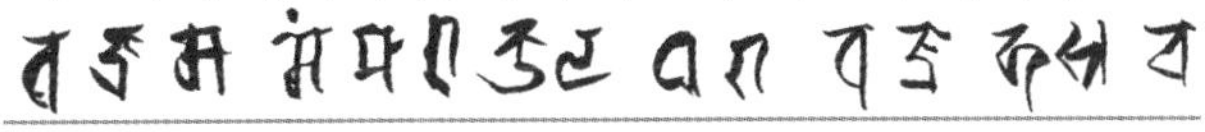

바절라구마리가 구람다리 바절라하사다자

विद्या कान्चन मलिका कुसुंभ रत्ना

vidyā kāñcana mālikākusumbha ratnā

비드야 칸차나 마리카 쿠숨바 라트나

비디야 건자나마이가 구소바가라가라다나

वैरोच्चन करिया अंठस्निासां विर्ज्भमानि च

vairocana kriyā arthosnīsām vijrmbhamānī ca

바이로차나 크리야 아르토스니삼 비즈름바마니 차

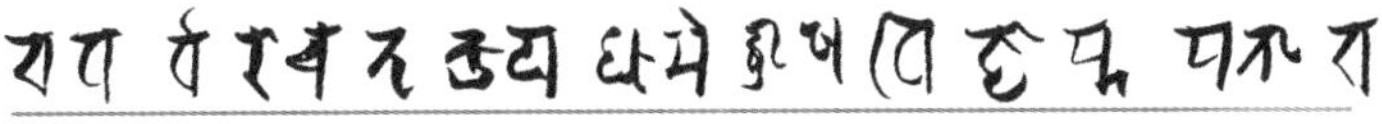

비로자야나구리야 도담야라오스니사 비절탐바마라차

वज्र कनक प्रभा लेचना वज्र तुन्दि च

vajra kanaka prabhā locanā vajra tunedī ca

바즈라 카나카 프라바 로차나 바즈라 툰디 차

바절라가나가 바라바로차나 바절라 돈니차

स्वेता च कमलक्सा शशि प्रभ इत्य् एतए मुद्रा गनाः

svetā ca kamalaksā śaśi prabhā ity ete mudrā ganāh

스베타 차 카마락사 사시 프라바 이트예 에테 무드라 가나흐

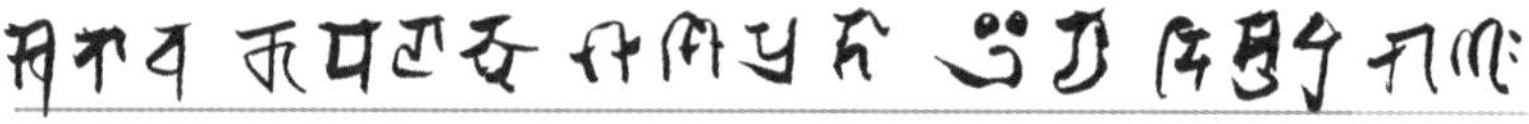

세비다차가마라걸차 샤시바라바이데이데 모다라니가나

सर्वे रक्सां कुर्वन्तु इत्तं ममश्य

sarve raksām kurvantu ittam mamaśya

사르베 라크삼 쿠르반투 이땀 마마스야

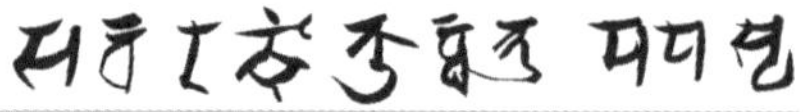

시볘라걸참 구라반도인토나마마나샤

산스크리트 음역

나마흐 사르바 사타타수가타야 아르하테 삼약 삼부따스야
사르바 사타타부따 코티스니삼 나마흐 사르바부따
보디 사뜨베브야흐 나마흐 사프타남 삼야크 삼부따 코티맘
사 사르바카 삼가남 나모 로케 아르하타남
나마흐 스로타판나남 나마흐 사크르다가미남 나모 아나가미남
나모 로케 삼가남 삼약프라티판나남
나모 데바 르시남 나마흐 시따 비드야 다라남
나마흐 시따야 비드야 다라 르시남
사파누그라하 사하스라 마르타남 나모 브라흐마네
나모 인드라야 나모 바가바테 루드라야
우마파티 사히야야 나모 바가바테 나라야나야
판차 마하 사무드라 나마스 크르타야
나모 바가바테 마하 카라야
트리푸라 나가라 비드라바나 카라야 아디무키 스마사나 니바시네
마트르 가남 나마스 크르타야 나모 바가바테 타타가타 쿠라야
나모 파드마 쿠라야 나모 바즈라 쿠라야
나모 마니 쿠라야 나모 가자 쿠라야 나모 바가바테
드르다 수라 세나 프라하라나 라자야 타타가타야
나모 바가바테 나모 아미타바야 타타가타야
아르하테 삼약 삼부따야 나모 바가바테 아크소브야 타타가타야
아르하테 삼약 삼부따야
나모 바가바테 바이사즈야 구루 바이두라야 프라바 라자야
타타가타야

나모 바가바테 삼푸스피타 살렌드라 라자야
타타가타야 아르하테 삼약 삼부따야 나모 바가바테
사크야 무니예 타타가타야 아르하테 삼약 삼부따야
나모 바가바테 라트나 쿠수마 케투 라자야 타타가타야
아르하테 삼약 삼부따야 테브흐요 테삼
나마스 크르타 에타드 이맘 바가바타 사 타타가토스니삼
시타타파트람
나마마라지탐 프라트얀기라 사르바 데바 나마스크르탐
사르바 데베브
야흐 푸지탐 사르바 데베스차 파리파리탐 사르바 부타 그라하
니그라하 카라니 파라 비드야 체다니
아카라 무르트유 파리 트라야나 카리 사르바 반다나 모크사니 카리
사르바 두스타 두흐스바프나 니바라니 차투라시티남
그라하 사하스라남 비드흐밤사나 카리
아스타빔사티남 나크가트라남 프라사다나 카리
아스타남 마하 그라하남 비드밤사나 카리
사르바 사트루 니바라남 구람 두흐스바프나남 차 나사니
비사 사스트라 아그니 우다카라남 아파라지타구라
마하 바라 마하 프라찬티 마하 디프타 마하 테자흐
마하 스베타 마하 즈바라
마하 바라 판다라 바시니 아르야 타라 브흐르쿠티
차이바 비자야 바즈라 마레티 비스루타 파드마카
바즈라 지바나 차 마라 차이바 아파라지타 바즈라 단디
비사라 차 삼타 사비티바 푸지타 사움야 루파 마하 스베타
아르야 타라 마하 바라 아파라 바즈라 삼카라 차이바
바즈라 쿠마리 쿠란 다리 바즈라 하스타 차이바
비드야 칸차나 마리카 쿠숨바 라트나
바이로차나 크리야 아르토스니삼 비즈름바마니 차

바즈라 카나카 프라바 로차나 바즈라 툰디 차
스베타 차 카마락사 사시 프라바 이트예 에테 무드라 가나흐
사르베 라크삼 쿠르반투 이땀 마마스야

한글 해석

지극하신 여래와 아라한(應供)이신 등정각자(等正覺者)에게 귀의합니다.
일체의 제불(諸佛)과 보살들에게 귀의합니다.
칠구지(七俱胝) 등정각자와 성문승가에(聖聞僧伽) 귀의합니다.
세상에 있는 아라한에게 귀의합니다.

수다원(修陀洹) 또는 예류(豫流)에게 귀의합니다. 사다함(斯陀含) 또는 일래(一來)에게 귀의합니다.
세상에서 바르게 살아가는 이에게 귀의합니다.
바르게 나아가는 이들에게 귀의합니다. 천신과 성스러운 수행자에게 귀의합니다.

지혜의 수행체계를 터득하여 초능력을 지닌 이들에게 귀의합니다.
지혜의 수행체계를 성취하여 초능력을 지닌 성스러운 수행자들과 모두를 이롭게하는 주문(呪文)에게 귀의합니다.
범천(梵天)인 브라흐마 신에게 귀의합니다.
제석천(帝釋天)인 인드라 신에게 귀의합니다.
제석천인 인드라 신에게 귀의합니다.
성스러우며 세존(世尊)이신 바가반이며 루드라 신과 성스러운 여신 우마파티와 성스러운 세존이신 나라야나에게 귀의합니다.
성스러운 나라야나 신과 다섯가지의 위대한 무드라 (五大印)에게 귀의합니다.

진정으로 귀의합니다.
성스러운 다섯가지의 위대한 무드라에게 귀의합니다.
진정으로 귀의합니다. 성스러운 대흑신인 마하칼라에게 귀의합니다.
세가지 세계 도성을 파괴하고 아디무크타카 신의 묘지에서 사는 마트리 여신에게 귀의합니다.
진정으로 귀의합니다. 세존이신 여래부(如來部)에게 귀의합니다.
연화부(蓮華部)에 귀의합니다. 금강부(金剛部)에 귀의합니다.
보부(寶部)에 귀의합니다. 상부(象部)에 귀의합니다.
용맹한 군사를 격파하는 왕이신 성스러운 여래에게 귀의합니다.
성스러운 무량광(無量光)의 아미타 여래에게 귀의합니다.
아라한이시며 정등각(正等覺)을 이루신 성스러운 아촉(阿閦)여래와 아라한이시며 정등각자에게 귀의합니다.
성스러운 약사유리광왕여래(藥師琉璃光王如來)와 아라한 이신 등정각자에게 귀의합니다.

성스러운 세존이신 개부화왕(開敷華王)과 사라수왕(沙羅樹王)과 아라한 이신 등정각자에게 귀의합니다. 성스러운 세존이신 사카무니 여래와 아라한이신 등정각자에게 귀의합니다. 아라한이시며 정등각을 이루신 세존이시며 보화당왕여래(寶花幢王如來)에게 귀의합니다.
이 성스러운 머리를 덮는두건인 여래불정(如來佛頂)과 흰 양산에 귀의합니다. 무적이며 조복시키는 분에게 귀의합니다.

일체의 귀신들을 완전히 조복시키며 다른 신들의 주문들을 단절시키고 때 아닌 횡사를 제거할 수 있으며 모든 중생들의 얽매임을 벗어나게 하며 모든 좋지 않는 악몽을 없애며 84000의 나쁜 별의 영향을 소멸시키는 28가지 별의 성진(星辰)들을 청정하게하며 8가지 대악성(大惡星)을 파멸시키고 일체의 적을 막아주며 무서운 악몽을 없애주시며 모든 원적(怨敵)을 차단시켜주며 무서운 악몽을 없애주며 독약과 검과 불과 물의 난(難)으로부터 구원시키도다!

불패의 구라 신 큰힘을 가진 찬다신 대화염신(大熖神),
대천녀(大天女)의 염광신(炎光神), 대력(大力)의 백의여신(白衣女神),
현도천녀신(賢度天女神), 진여신(瞋女神)과 최승여신(最勝女神),
마레티 꽃을 가진 금강모신(金剛母神),
연화에 앉은 여신 금강설여신(金剛舌女神),
꽃다발을 가진 불패의 여신 금강저여신(金剛杵女神),
위대하며 아름다운 신들로부터 공양을 받고 위대한 주술사 모습을 한
태백여신(太白女神), 현도천녀신(賢度天女神), 대력여신(大力女神),
금강소여신(金剛銷女神), 금강동여신(金剛童女神), 여신들의 집단,
금강수여신(金剛手女神), 명주여신(明呪女神), 금만여신(金鬘女神),
황금의 보물을 가진 여신 모든곳에 비추는 불정여신(佛頂女神),
개구여신(開口女神),
번개와 황금의 빛이나고 연꽃의 눈을 가진 금강취여신(金剛嘴女神),
백련화(白蓮化) 같은 눈을 가진 여신,
빛나는 눈을 가진 월광여신(月光女神) 등과 같이 이러한 무드라
즉 제인(諸印)들을 보이는 제존이시여!

모든 것들에 수호를 베푸소서!
이와 같이 연통하는 이 나에 대하여.

2회 석존응화회(釋尊應化會)

석존응화회(釋尊應化會) 원문

ॐ ऋषि गन प्रशस्त सतथागतेस्नासं

om rsi gana praśasta satathāgatosnīsam

옴 르시 가나 프라사스타 사 타타가토스니삼

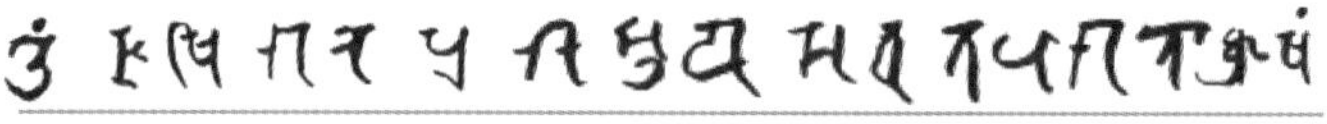

옴무리시게나 바라샤스다 사다타가도 오스니삼

हुं त्रुं जंभन हुं त्रुं स्तंभन मेहन

hūm trūm jambhana hūm trūm stambhana mohana mathāna

훔 트룸 잠바나 훔 트룸 스탐바나 모하나 마타나

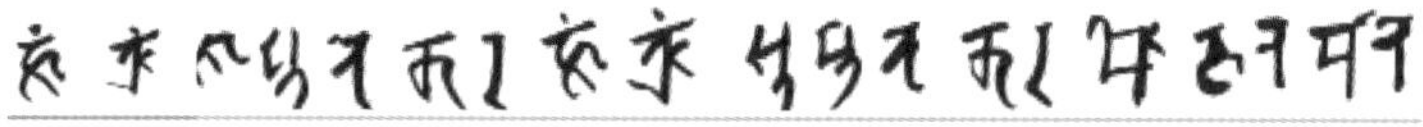

훔도로움 점바나 훔도로움 신담바나

हुं त्रुं पर विद्या सं भक्सन कर

hūm trūm para vidyā sam bhaksana kara

훔 트룸 파라 비드야 삼 바크사나 카라

훔도로움 파라비디야삼박차라나

हुं त्रुं दुस्तानं सं भक्सन कर

hūm trūm dustanam sam bhaksana kara

훔 트룸 두스타남 삼 바크사나 카라

훔 트룸 두스타나 삼바크사나 카라

हुं त्रुं सर्व यक्स राक्सस ग्रहानां

hūm trūm sarva yaksa rāksasa grahānām

훔 트룸 사르바 야크사 라크사사 그라하남

훔도로움 살바부사타남

विध्वंसन कर हुं त्रुं चतुरसातितानं

vidhvamasana kara hūm trūm caturaśītīnam

비드밤사나 카라 훔 트룸 차투라시티남

스담바나가라 훔도로움 살바야차

ग्रह सहस्रानां विध्वंसन कर हुं त्रुं

graha sahasrānām vidhvamsana kara hum trūm

그라하 사하스라남 비드밤사나 카라 훔 트룸

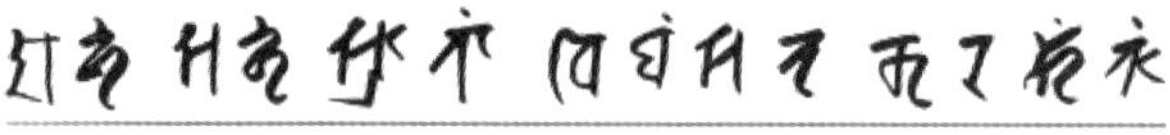

하라차사게라하남 비다방사나가라 훔도로움

अस्त विंसतिनां नक्षत्रानं

asta vimsatinām naksatranam

아스타 빔사티남 나크사트라남

쟈도라시디남 게라하사라남 비다방사나가라 훔도로움 아스타비마샤 데남 나가사다라남

प्रसदन कर हुां त्रुं रक्स

prasadana kara hūm trūm raksa

프라사다나 카라 훔 트룸 라크사

바라마타나가라 훔도로움 라차라차

बागव् स्तथागते स्नास

bagavan stathagato snīsa

바가반 스타타가토 스니사

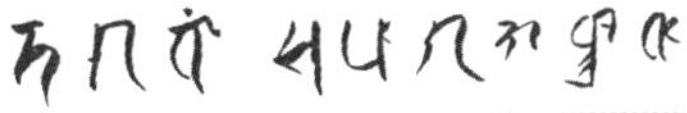

나가보 스타가토 스니사

प्रत्यन्गिरे महा सहस्त्र बुजे सहस्त्र र्शंस

pratyangire mahā sahasra bhuje sahasra śirsa

프라트얀기레 마하 사하스라 부제 사하스라 시르사

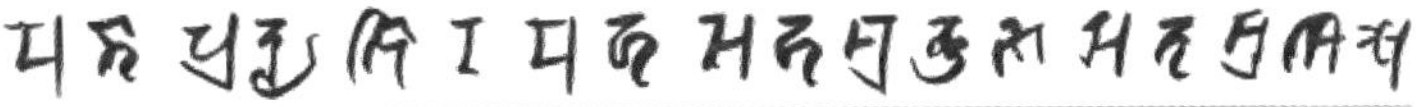

박가범 사다타아도오스니사 바라등이리 마하사하사라부아
사하사라시리

कोति शत सहस्त्रर नेत्रे अभेद्म ज्वलित नतनक

kotī śata sahasrara netre abhedya jvalita natanaka

코티 사타 사하스라라 네트르 아베드야 즈발리타 나타나카

구지사다사하살라니다례 아베디야지바리다나타가

महा वज्र दार त्रिभुवन मन्दल

mahā vajra dāra tribhuvana mandala

마하 바즈라 다라 트리부바나 만달라

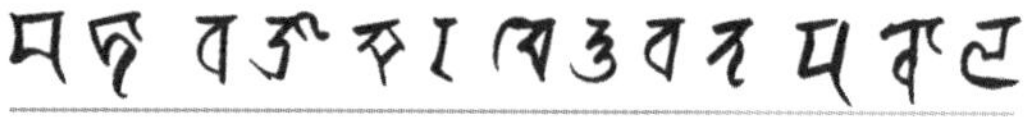

마하바절로타라 데리부바나 만다라

ॐ स्वस्तिं भंवतु मम इत्तं ममश्य

om svastir bharvatu mama ittam mamaśya

옴 스바스티르 바르바투 마마 이땀 마마스야

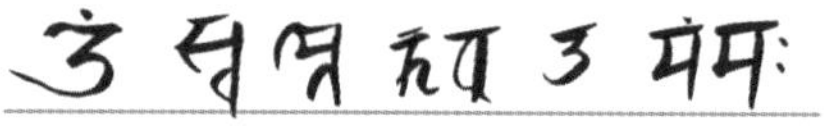

옴사시데 바바도 인토마마

산스크리트 음역

옴 르시 가나 프라사스타 사 타타가토스니삼

훔 트룸 잠바나 훔 트룸 스탐바나 모하나 마타나

훔 트룸 파라 비드야 삼 바크사나 카라

훔 트룸 두스타남 삼 바크사나 카라

훔 트룸 사르바 야크사 라크사나 그라하남

비드밤사나 카라 훔 트룸 차투라시티남

그라하 사하스라남 비드밤사나 카라 훔 트룸

아스타 빔사티남 나크사트라남

프라사다나 카라 훔 트룸 라크사

바가반 스타타가토 스니사

프라트얀기레 마하 사하스라 부제 사하스라 시르사

코티 사타 사하스라 네트르 아 베드야 즈발리타 타타나카

마하 바즈라 다라 트리부바나 만달라

옴 스바스티르 바르바투 마마 이땀 마마스야

한글 해석

옴 성스러운 수행자들(聖仙衆)에게 찬미되는 여래불정(如來佛頂)이시여!

훔 트룸 파괴자여!

훔 트룸 통제자여!

훔 트룸 다른이의 주문을 삼켜버리는 분이여!

훔 트룸 모든 악한자들을 제어하는 이여!

훔 트룸 모든 야차(夜叉), 나찰(羅刹)귀신들의 재난을 파괴하신 분이여!

훔 트룸 84000의 악마들을 멸하신분이여!

훔 트룸 훔 트룸 보호하소서, 보호하소서!

성스러운 여래불정으로 조복(調伏)시키는 분이시여!

28개의 별들을 관장하는이시여!

훔 트룸 보호해주소서, 보호하소서!

많은 눈을 지닌 여신이여!

불꽃처럼 비추이며 춤추는 여신이여!

대금강저(大金剛杵)를 가진 여신이여!

삼계(三界)의 만다라를 지배하시는 여신이여!

옴 길상(吉祥) 있으소서!

이와 같이 연통하는 이 나에 대하여.

3회 관음합동회(觀音合同會)

관음합동회(觀音合同會) 원문

राजा भयाः चेर भयाः अग्न भयाः उदक भयाः

rajā bhayāh cora bhayāh agni bhayāh udaka bhayāh

라자 바야흐 초라 바야흐 아그니 바야흐 우다카 바야흐

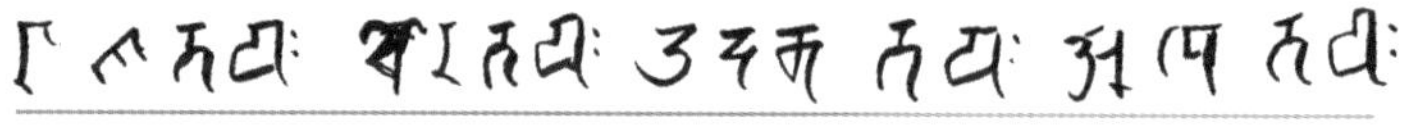

라사바야 주라바야 아기니바야 오다가바야

विस भयाः शस्त्र भयाः पर चक्र भयाः

visa bhayāh śastra bhayāh para cakra bhayāh

비사 바야흐 사스트라 바야흐 파라 차크라 바야흐

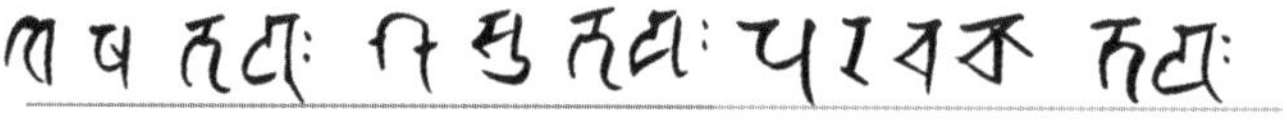

베사바야 샤사다라바야 파라작가라바야

दुर्भिकस भयाः अशनि भयाः अकाल मृत्यु भयाः

durbhiksa bhayāh aśani bhayāh akāla mrtyu bhayāh

두르비크사 바야흐 아사니 바야흐 아카라 므르트유 바야흐

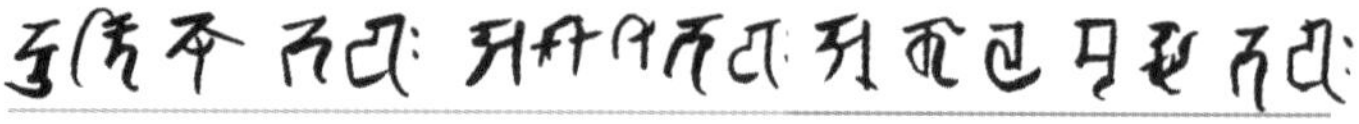

돌릴차바야 아샤니바야 아가라미릴쥬바야

धरनि भुमि कंप भयाः उल्का पात भयाः

daranī bhūmī kampa bhayāh ulkā pāta bhayāh

다라니 부미 캄파 바야흐 울카 파타 바야흐

아다라미부미검바 가파다바야 오라라가파다바야

राजा दन्द भयाः नाग भयाः विधुत् भयाः

raja danda bhayāh nāga bhayāh vidyut bhayāh

라자 단다 바야흐 나가 바야흐 비드유트 바야흐

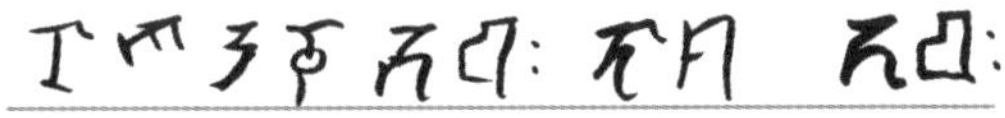

라사단다바야 나가바야 비디유바야

सुर्पना भयाः यक्स ग्रहाः राक्सस ग्रहाः

suparnā bhayāh yaksa grahāh rāksasa grahāh

수파르나 바야흐 약사 그라하흐 라크사사 그라하흐

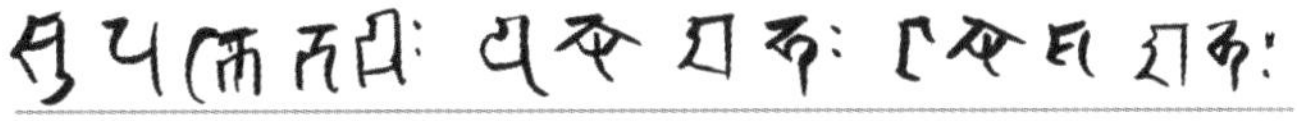

소파릴니바야 야차게바라하 라차사게라하

प्रेत ग्रहाः पिशाच ग्रहाः भुात ग्रहाः

preta grahāh piśāca grahāh bhūta grahāh

프레타 그라하흐 피사차 그라하흐 부타 그라하흐

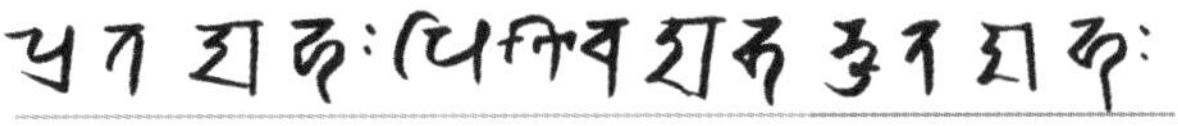

피리다게라하 비샤자게라하 부다게라하

कुंभान्द ग्रहाः पुातना ग्रहाः कत पुातना ग्रहाः

kumbhānda grahāh pūtanā grahāh kata pūtanā grahāh

쿰반다 그라하흐 푸타나 그라하흐 카타 푸타나 그라하흐

구반다게라하 부단나게라하 가타부단나게라하

स्कन्द ग्रहाः अप स्मार ग्रहाः उन्माद ग्रहाः

skanda grahāh apa smāra grahāh unmāda grahāh

스칸다 그라하흐 아파 스마라 그라하흐 운마다 그라하흐

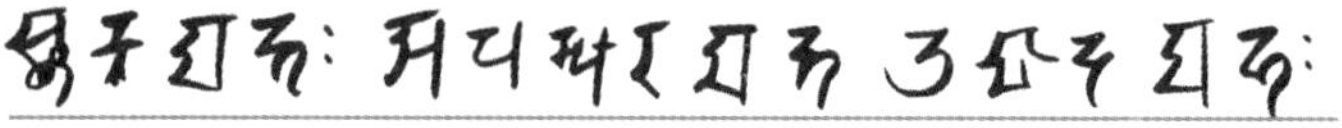

새건다게라하 아파사마라게라하 오단마다게라하

चाया ग्रहाः हृपाति ग्रहाः जाताहारिनां

chāyā grahāh hrpāt grahāh jātāhārinām

차야 그라하흐 흐르파트 그라하흐 자타하리남

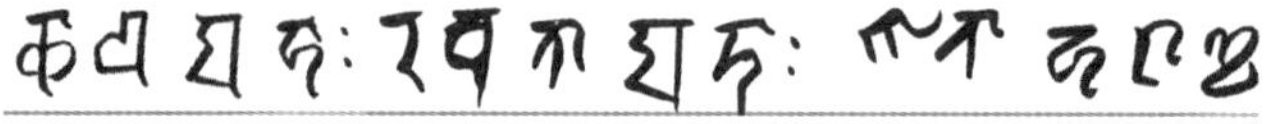

차야게라하 려바디게라하 사디하리니

गर्भा हानिां रुधिरा हारनां माम्साहारिनां

garbhā hārinām rudhirā hārinām māmsāharinam

가르바 하리남 루드히라 하리남 맘사하리남

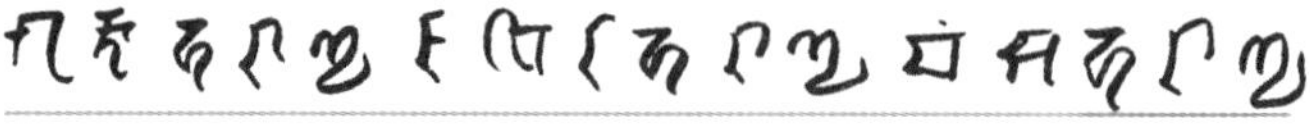

게라바하리니 로디라하리니 망사하리니

मेदा हारिनां मज्जा हारनां ओजस् हारिन्याः जिविता हरिनां

medā hārinām majjā hārinām ojas hārinyāh jivitā hārinām

메다 하리남 마짜 하리남 오자스 하린야흐 지비타 하리남

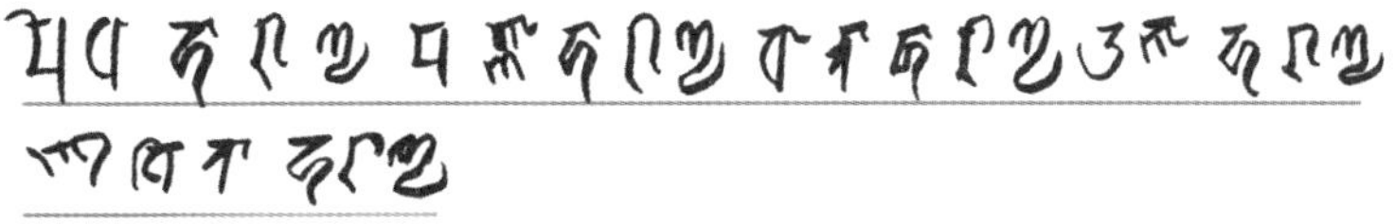

게다하리니 마사하리니 사다하리니 시베다하리니

वाता वासा हारिनां वान्ता हारिनां अशुच्य हारिन्यः चित्त हारिन्यः

vātā vasa hārinām vāntā hārinām a¬śucyā hārinyāh cittā hārinyāh

바타 바사 하리남 반타 하리남 아수츠야 하린야흐 치따 하린야흐

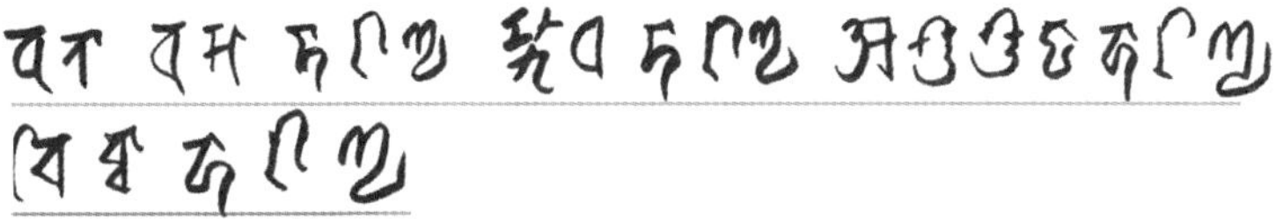

바다하리니 바다하리남아슈차하리니 진다하리니

तेसं सर्वेसां सर्व ग्रहानां विद्यां छेद् यामि

tesām sarvesām sarva grahānām vidyām cheda yāmi

테삼 사르베삼 사르바 그라하남 비드얌 체다 야미

대삼살비삼 살바게라하남 비디야 친다야미

किल यामि परि व्रजक क्रतां विद्यां छेद यामि

kila yāmi pari vrajaka krtām vidyā cheda yāmi

키라 야미 파리 브라자카 크르탐 비드야 체다 야미

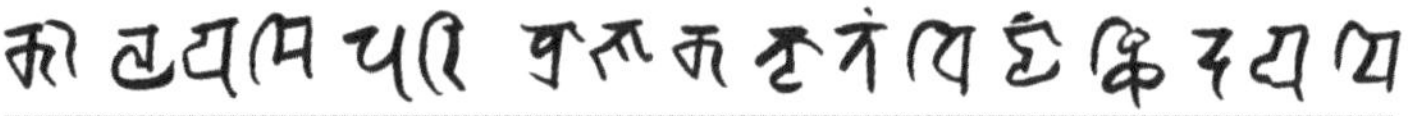

기라야미 파리바라작가라 그리담비디야 친다야미

किाल यामि दक दाकिनि र्कतं विद्यां छेद यामि

kila yāmi daka dākinī krtām vidyām cheda yāmi

키라 야미 다카 다키니 크르탐 비드얌 체다 야미

기라야미 다기니 그리담비디야 친다야미기라야미

किाल यामि महा पसुपताय रुद्र र्कतां

kila yāmi mahā paśupatāya rudra krtām

키라 야미 마하 파수파타야 루드라 크르탐

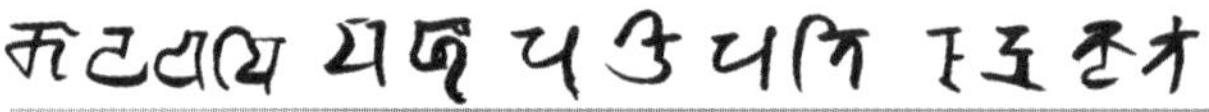

마하바슈바디야 로다라 그리담

विद्यां छेद् यामि किाल यामि नारायन र्क्तां

vidyām cheda yāmi kīla yāmi nārāyana krtām

비드얌 체다 야미 키라 야미 나라야나 크르탐

비디야 친다야미기라야미 나라야나야 그리담

विद्यां छेद् यामि किाल यामि तत्त्व गरुदेशे र्क्तां

vidyām cheda yāmi kīla yāmi tattva garudeśe krtām

비드얌 체다 야미 키라 야미 타트바 가루데세 크르탐

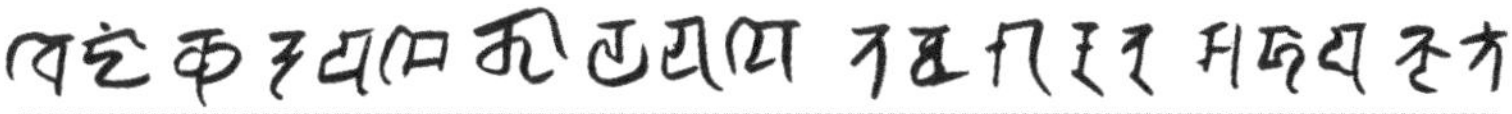

비디야 친다야미기라야미 다타바가로다 그리담

विद्यां छेद् यामि किाल यामि महा काल

vidyām cheda yāmi kīla yāmi mahā kāla

비드얌 체다 야미 키라 야미 마하 카라

비디야 친다야미기라야미 마하가라

मातृ गन र्क्तां विद्यां छेद् यामि काल यामि

mātr gana krtām vidyām cheda yāmi kīla yāmi

마트르 가나 크르탐 비드얌 체다 야미 키라 야미

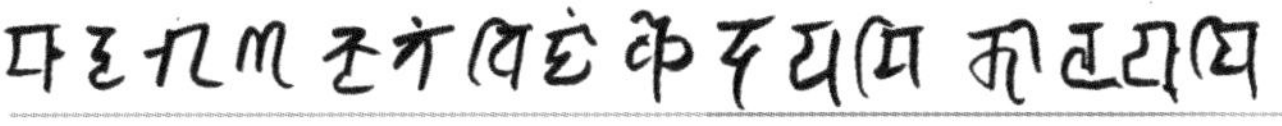

마다라가나그리담비디야 친다야미기라야미

कापालिक र्क्तं विद्यां छेद् यामि किाल यामि

kāpālika krtām vidyām cheda yāmi kīla yāmi

카파리카 크르탐 비드얌 체다 야미 키라 야미

가파리가 그리담비디야 친다야미기라야미

जय कर मदु कर र्सवर्थ साधहन र्क्तां

jaya kara madhu kara sarvartha sādhana krtām

자야 카라 마두 카라 사르바르타 사다나 크르탐

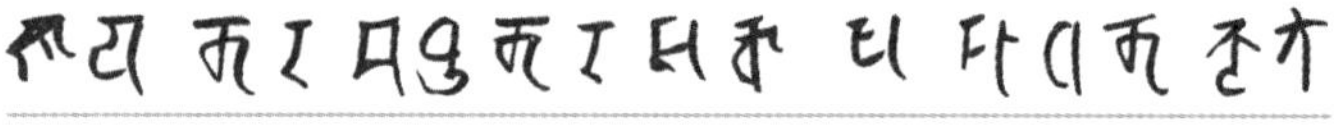

사야가라 마도가라 살바라다사다니 그리담

विद्यां छेद् यामि किाल यामि चर्तु भगिनि र्क्तां

vidyām cheda yāmi kīla yāmi catur bhāgini krtām

비드얌 체다 야미 키라 야미 차투르 바기니 크르탐

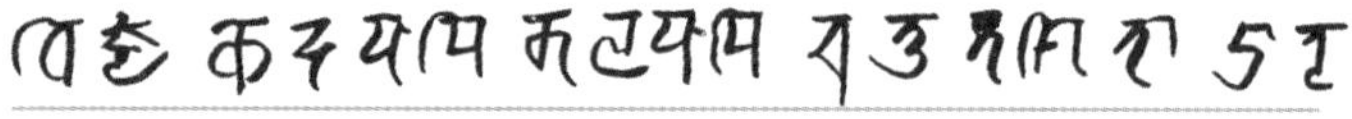

비디야 친다야미기리야미 자도릴바기니 그리담

विद्यां छेद् यामि किाल यामि भंनगि रिति

vidyām cheda yāmi kīla yāmi bhrngi riti

비드얌 체다 야미 키라 야미 브른기 리티

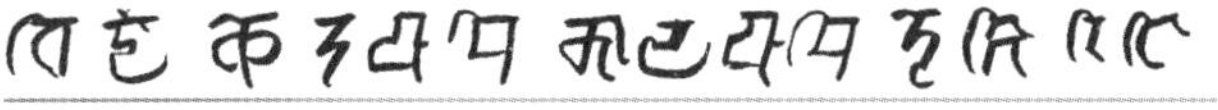

비디야 친다야미 기라야미 빙의리지

नन्द्केश्वर गन पति सहेय र्क्तां

nadakeśvara gana pati saheya krtām

나다케스바라 가나 파티 사헤야 크르탐

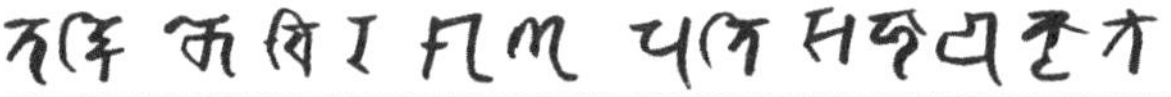

난니계슈바라 가나바디 사헤야 그리담

विद्यां छेद् यामि किाल यामि

vidyām cheda yāmi kīla yāmi

비드얌 체다 야미 키라 야미

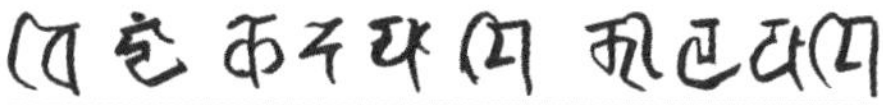

비디야 친다야미 기라야미

ब्रह्म र्क्तां रुद्र र्क्तां नरयान र्क्तां विद्यां छेद् यामि

brahma krtām rudra krtām naryāna krtām vidyām cheda yāmi

브라흐마 크르탐 루드라 크르탐 나라야나 크르탐 비드얌 체다 야미

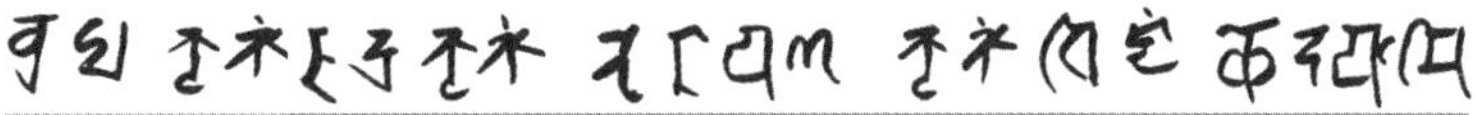

나연나시라바나 그리담비디야 친다야미

किल यामि अरहत् र्कतां विद्यां छेद् यामि

kīla yāmi arhat krtām vidyām cheda yāmi

키라 야미 아르하트 크르탐 비드얌 체다 야미

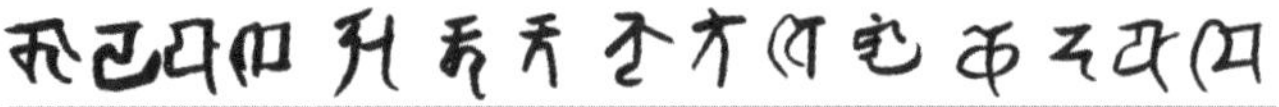

기라야미 아라하다 그리담비디야 친다야미

किल यामि वित राग र्कतां विद्यां छेद् यामि

kīla yāmi vīta rāga krtām vidyām cheda yāmi

키라 야미 비타 라가 크르탐 비드얌 체다 야미

기라야미 미다라가 그리담비디야 친다야미

किल यामि वज्र पानि वज्र पानि गुहय गुहय

kīla yāmi vajra pāni vajra pāni guhya guhya

키라 야미 바즈라 파니 바즈라 파니 구흐야 구흐야

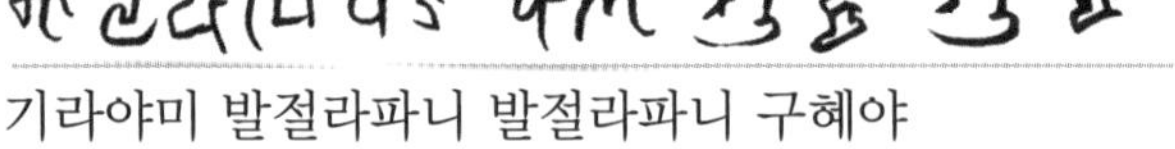

기라야미 발절라파니 발절라파니 구혜야

खदि् पति र्क्तां विद्यां छेद् यामि

kadhi pati krtām vidyām cheda yāmi

카디 파티 크르탐 비드약 체다 야미

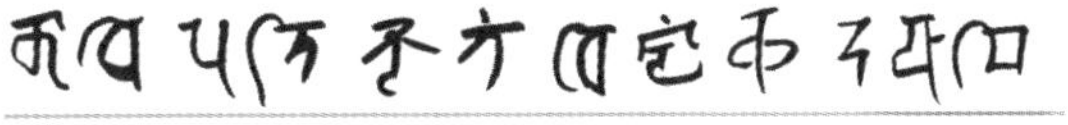

가 디바디 그리담비디야 친다야미

किल यामि रक्सामं भगव् इत्तम् ममश्य

kīla yāmi raksamām bhagavan ittam mamaśya

키라 야미 라크사맘 바가반 이탐 마마스야

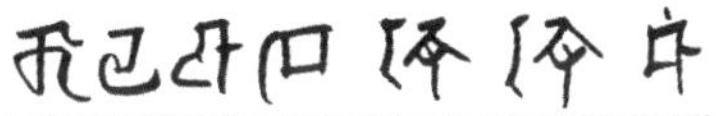

기라야미 라차라차망 박가범 인토나마마나샤

산스크리트 음역

라자 바야흐 초라 바야흐 아그니 바야흐 우다카 바야흐
비사 바야흐 사스트라 바야흐 파라 차크라 바야흐
두르비크사 바야흐 아사니 바야흐 아카라 므르트유 바야흐
다라니 부미 캄파 가파다 바야흐 울카 파타 바야흐
라자 단다 바야흐 나가 바야흐 비드유트 바야흐
수파르나 바야흐 약사 그라하흐 라크사사 그라하흐
프레타 그라하흐 피사차 그라하흐 부타 그라하흐
쿰반다 그라하흐 푸타나 그라하흐 카타 푸타나 그라하흐
스칸다 그라하흐 아파 스마라 그라하흐 우마다 그라하흐
차야 그라하흐 흐르파트 그라하흐 자타하리남
가르바 하리남 루드히라 하리남 맘사하리남
메다 하리남 마짜 하리남 오조 자타 하린야흐 지비타 하리남
바타 하리남 반타 하리남 아수츠야 하린야흐 치따 하린야흐
테삼 사르베삼 사르바 그라하남 비드얌 체다 야미
키라 야미 파리 브라자카 크르탐 비드야 체다 야미
키라 야미 다카 다키니 크르탐 비드얌 체다 야미
키라 야미 마하 파수파타야 루드라 크르탐
비드얌 체다 야미 키라 야미 나라야나 크르탐
비드얌 체다 야미 키라 야미 타트바 가루데세 크르탐
비드얌 체다 야미 키라 야미 마하 카라
마트르 가나 크르탐 비드얌 체다 야미 키라 야미
카파리카 크르탐 비드얌 체다 야미 키라 야미

자야 카라 마두 카라 사르바르타 사다나 크르탐
비드얌 체다 야미 키라 야미 차투르 바기니 크르탐
비드얌 체다 야미 키라 야미 브른기 리티
나다케스바라 가나 파티 사헤야 크르탐
비드얌 체다야미 키라 야미
브라흐마 크르탐 루드라 크르탐 나라야나 크르탐 비드얌 체다 야미
키라 야미 아르하트 크르탐 비드얌 체다 야미
키라 야미 비타 라가 크르탐 비드얌 체다 야미
키라 야미 바즈라 파니 바즈라 파니 구흐야 구흐야
카디 파티 크르탐 비드얌 체다 야미
키라 야미 라크사맘 바가반 이탐 마마스야

한글 해석

왕의 위난(危難), 도적의 재난, 불의 재난,
물의 재앙, 독(毒)의 재난,
무기의 위난, 적군의 재난, 기아의 재앙, 벼락의 재난,
때 아닌 죽음의 재난, 땅의 재난, 떨어지는 재난,
유성이 떨어지는 재난, 왕의 형벌난, 뱀의 재난,
뇌전(雷電)의 재난, 독수리의 재난,
야차귀(夜叉鬼)의 재난, 나찰귀의 재난,

아귀(餓鬼)의 재난, 사육귀의 재난, 정령귀(精靈鬼)의 재난,
수궁부녀귀(守宮婦女鬼)의 재난, 사귀마(邪鬼魔)의 재난,
병마의 재난, 소아병마(小兒病魔)의 재난, 빙의(憑依)의 재난,
광기의 재난, 영귀(影鬼)의 재난,
여귀(女鬼)의 재난, 생아(生兒)를 먹는 귀신,
태아를 먹는 귀신, 피를 먹는 귀신, 살을 먹는 귀신,
지방을 먹는 귀신, 골수를 먹는 귀신,
정기(精氣)를 빨아먹는 귀신, 목숨을 잡아먹는 귀신,
숨을 먹는 귀신, 토한 것을 먹는 귀신,
더러운 것을 먹는 귀신, 마음을 먹는 귀신,
이 모든 재난을 일으키는 귀신들의 주문을 끊어버리겠노라!
묶어 버리겠노라!

외도(外道)들이 행한 주문을 묶어 버리겠노라! 묶어 버리겠노라!
다키니 여신이 행한 주문을 끊어버리겠노라! 묶어버리겠노라!
대수주(大獸主) 루드라 신이 행한 주문을 끊어버리겠노라! 묶어버리겠노라!

나라야나 신이 행한 주문을 끊어버리겠노라! 묶어버리겠노라!
가루다 새가 행한 주문을 끊어버리겠노라! 묶어버리겠노라!
마하칼라(大黑天神)과 그의 신비(神妃)들이 행한 주문을 끊어버리겠노라!
묶어버리겠노라!
카팔리카 족들이 행한 주문을 끊어버리겠노라! 묶어버리겠노라!

승리한 이, 꿀을 만드는 이, 일체의 이득을 성취하고자 하는 이가 행한 주문을 끊어버리겠노라! 묶어버리겠노라!

사자매여신(四姉妹女神)이 행한 주문을 끊어버리겠노라!
묶어버리겠노라!
투전외도(鬪戰外道 브링기리티)와 환희왕(歡喜王)과 그들의 수령(가나파티)과 그들의 권속들이 행한 주문을 끊어버리겠노라!
묶어버리겠노라!
나체 수행자들이 행한 주문을 끊어버리겠노라! 묶어버리겠노라!

아라한들이 권속들이 행한 주문을 끊어버리겠노라!
묶어버리겠노라!
욕망을 버린이 들이 행한 주문을 끊어버리겠노라!
묶어버리겠노라!
금강수신(金剛手神) 금강수의 밀적천(密跡天)의 주(主)가 행한 주문을 끊어버리겠노라! 묶어버리겠노라!
나를 보호하소서! 나를 보호하소서!
세존이시여! 이와 같이 연통하는 이 나에 대하여.

4회 강장절섭회(剛藏折攝會)

강장절섭회(剛藏折攝會) 원문

भगवान् तथागतोष्णिष सिततपत्र नमो स्तुते

bagavan tathāgatosnisa sitatapatra namo stute

바가반 타타가토스니사 시타타파트라 나모 스투테

박가범살다타게도오스니사 시다다바다라 나무수도데

असित नलर्क प्रभा स्फुत

asita nalarka prabhā sphuta

아시타 나라르카 프라바 스푸타

아시다나라라가 바라바비살보타

विका सिततपत्रे ज्वल ज्वल धक धक विधक विधक दल दल

vikā sitatapatre jvala jvala dhaka dhaka vidhaka vidhaka dala dala

비카 시타타파트레 즈바라 즈바라 다카 다카 비다카 비다카 다라 다라

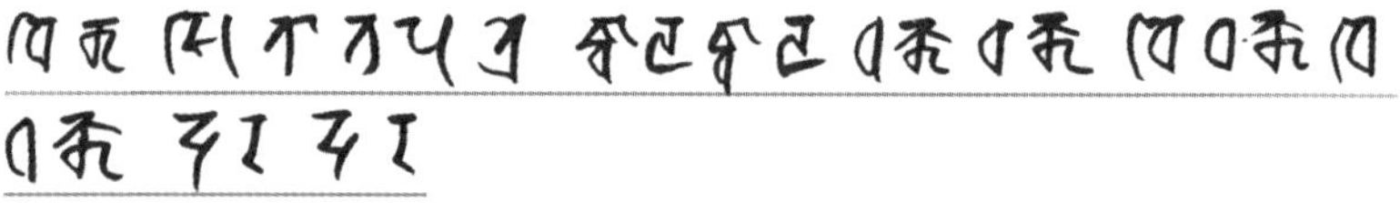

비가시다다 바디리 지바라지바라 다라다라 빈다라

विदल विदल छेद छेद हुं हुं फत्

vidala vidala cheda cheda hūm hūm phat

비다라 비다라 체다 체다 훔 훔 파트

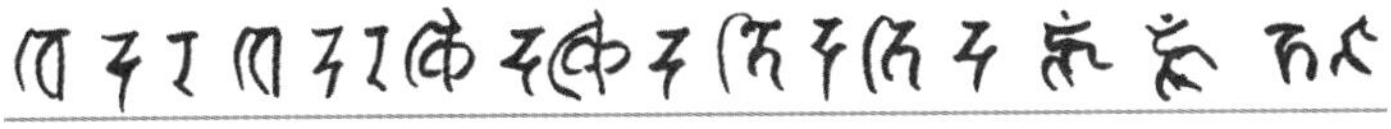

빈다라 친다친다 훔훔

फत् फत् फत् फत् स्वाहा हेहे फत्अमेगाय फत्

phat phat phat phat svāhā hehe phat amoghāya phat

파트 파트 파트 파트 스바하 헤헤 파트 아모가야 파트

반반반 반타반타 사바하 혜혜반 아무가야반

अप्रतिहता फत् वर प्रदा फत् असुर विदारक फत्

apratihatā phat vara pradā phat asura vidrārka phat

아프라티하타 파트 바라 프라다 파트 아수라 비다라카 파트

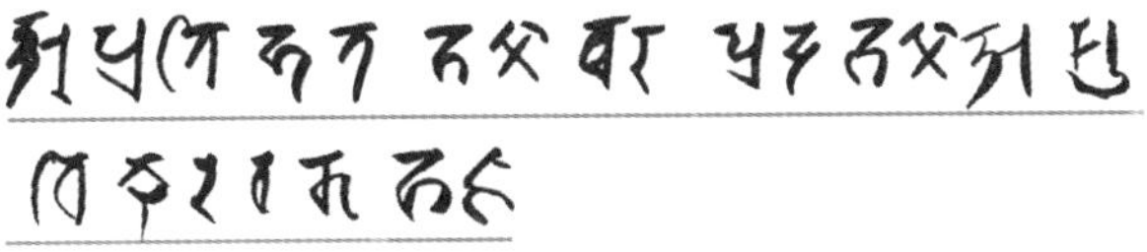

아바라디하다반 바라바라다반 아소라비다라바가반

र्सव देवेब्यः फत् र्सव नागेव्यः फत् र्सव यक्सेव्यः फत्

sarva dehevebhyah phat sarva nāgebhyah phat sarva yaksebhyah phat

사르바 데베브야흐 파트 사르바 나게브야흐 파트 사르바 야크세브야흐 파트

살바데볘뱌반 살바나나가뱌반 살바야차뱌반

र्सव गन्धर्वेव्यः फत् र्सव असुरेब्यः फद् फत् असुरेब्यः फत्

sarva gandharvebhyah phat sarva asurebya phat kata asurebya phat

사르바 간다르베브야흐 파트 사르바 아수레브야 파트 카타 아수레브야 파트

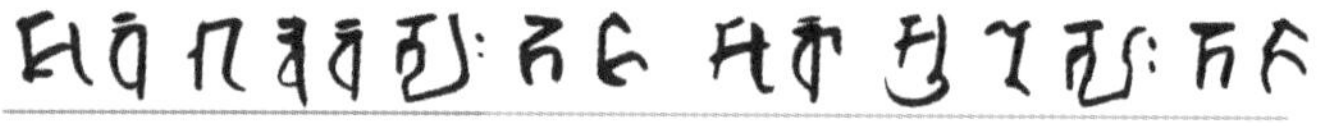

살바건달바뱌반 살바아소라뱌반

र्सव गरुदेव्यः फत् र्सव किन्नरेव्यः फत् र्सव महेरगेव्यः फत्

sarva garuḍevyah phat sarva kinrebyah phat sarva mahora gebyah phat

사르바 가루데브야흐 파트 사르바 킨레브야흐 파트 사르바 마호라 게브야흐 파트

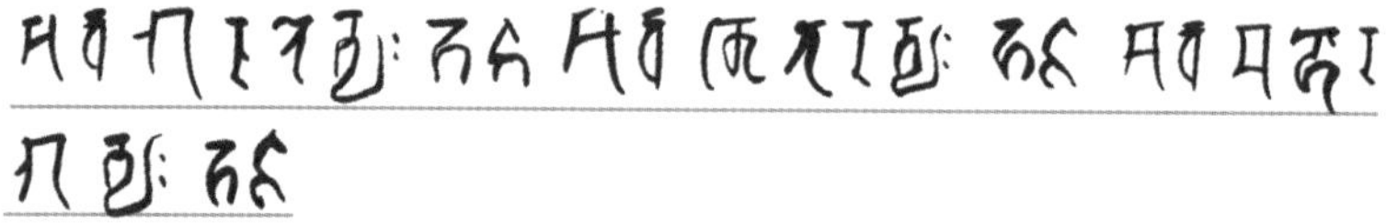

살바게로다뱌반 살바긴나라뱌반

सर्व रक्षेव्यः फत् सर्व मनुषेव्यः फत् सर्व अमनुषेव्यः फत्

sarva raksebyah phat sarva manusebyah phat sarva
amanu sebyah phat

사르바 라크세브야흐 파트 사르바 마누세브야흐 파트 사르바
아마누 세브야흐 파트

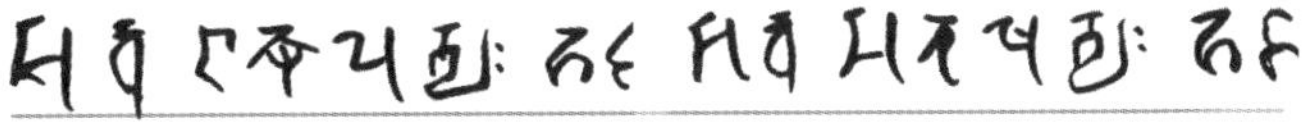

살바마호라가바반 살바라찰사바반 살바마노쇄바반 살바아마노쇄바반

सर्व भुतेव्यः फत् सर्व पिशाचेव्यः फत्
सर्व कम्भाण्डः व्यः फत्

sarva bhūtebhyah phat sarva piśācebhyah phat
sarva kumbhaṇḍbhyah phat

사르바 부테브야흐 파트 사르바 피사체브야흐 파트
사르바 쿰반데브야흐 파트

살바부단나바반 살바가타부단나바반 살바도란기데바반

सर्व दुर्लखैंहितेव्य फत् सर्व दुस्प्रक्सितेव्यः फत्

sarva durlanghitebhyah phat sarva duspreksitebhyah phat

사르바 두르랑기테브야흐 파트 사르바 두스프레크시테브야흐 파트

살바도스타피리그시데바반

र्सव ज्वरे भब्यः फत् र्सव अपस्मारेब्यः फत्

sarva jvare bhyah phat sarva apasmārebhyah phat

사르바 즈바레 브야흐 파트 사르바 아파스마레브야흐 파트

살바지바리뱌반 살바아파살마리뱌반

र्सव स्त्रमनेब्यः फत र्सव तिर्थिकेभयः फत्

sarva śramanebhyah phat sarva tīrthikebhah phat

사르바 스라마네브야흐 파트 사르바 티르티케브야흐 파트

살바사라바나뱌반 살바디리티계뱌반

र्सव उन्मत्तकेब्यः फत् र्सव विद्याराजचार्ये भयः फत्

sarva unmattakebhyah phat sarva vidyārājacārye bhyah phat

사르바 운마따케브야흐 파트 사르바 비드야라자차르예 브야흐 파트

살붇다바뎨뱌반 살바비디야라서차리뱌반

जय कर मदु कर र्सर्वथ सधकेयः फत्

jaya kara madhu kara sarvartha sadhakebhyah phat

자야 카라 마두 카라 사르바르타 사다케브야흐 파트

사야가라마도가라 살바라타사다계뱌반

विद्यचार्येब्यः फत् चर्तु भँगिनिाभ्य फत्

vidyacāryebhyah phat catur bhaginibhyah phat

비드야차르예브야흐 파트 차투르 바기니브야흐 파트

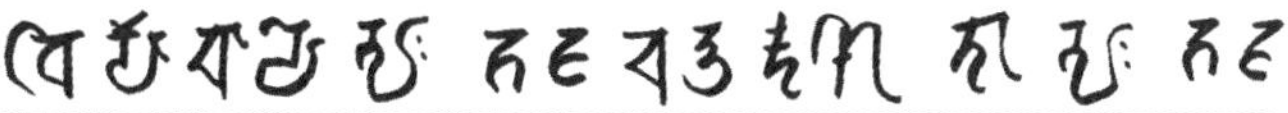

비디야차리예바반 자도라남바기니바반

वज्र कुमारिव्यः फत् वज्र कुरन्दरिव्यः फत्

vajra kumāribhyah phat vajra kurandaribhyah phat

바즈라 쿠마리브야흐 파트 바즈라 쿠란다리브야흐 파트

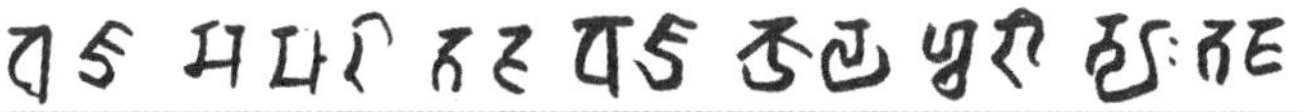

바절라구마리가바반 바절라구람다리바반

विद्या राजेब्यः फत् महा प्रत्यन्गिरेयः फत्

vidyā rājebhyah phat mahā pratyangirebhyah phat

비드야 라제브야흐 파트 마하 프라트얀기레브야흐 파트

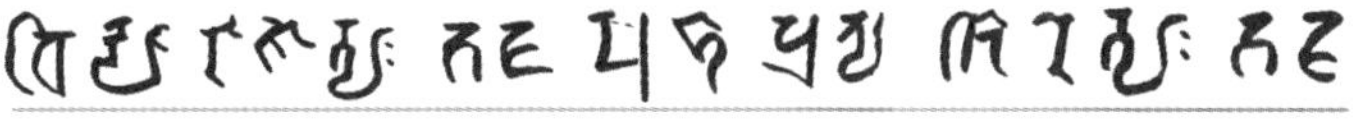

비디야라사바반 마하바라등기리바반

वज्र शंकलाय फत् प्रत्यनगिर राजाय फत्

vajra śamkalāya phat pratyangira rājāya phat

바즈라 삼카라야 파트 프라트얀기라 라자야 파트

바절라샹가라야반 바라등기라라사야반

महा कालाय महा मातृ गण नमस् कृताय फत्

mahā kālāya mahā mātr gaṇa namas krtāya phat

마하 칼라야 마하 마트르 가나 나마스 크르타야 파트

마하가라야반 마하마다리가나야반 나무색가리다야반

इन्द्राय फत् विष्णुवियि फत् वरकिये फत्

indrāya phat visnuvīye phat varakiye phat

인드라야 파트 비스누비예 파트 바라키예 파트

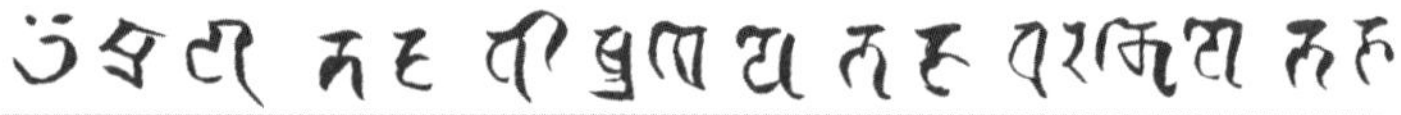

예니리예반 비시나비예반 바라기예반

विष्णुवियि फत् ब्रह्मानिये फत् वरकिये फत् अगनिये फत्

viṣñuvīye phat brahmāṇīye phat varakiye phat agnīye phat

비스누비예 파트 브라흐마니예 파트 바라키예 파트 아그니예 파트

비시나비예반 바라훔마니예반 아기니예반

महा कालाय फत् काल दन्दाय फद् इन्द्राय फत्

mahā kālāya phat kāla dandāya phat indraya phat

마하 칼라야 파트 칼라 단다야 파트 인드라야 파트

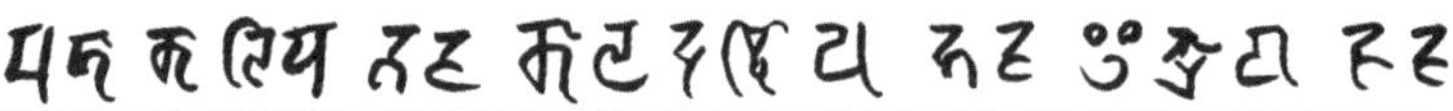

마하가리예반 가라단특예반 예니리예반

चामुन्दाये फत् रौद्र फत् कलरात्रिये फत्

cāmundāye phat raudrye phat kalarātrīye phat

차문다예 파트 라우드리예 파트 칼라라트리예 파트

차문디예반 로다리예반 가라다리예반

कापालिये फत् अधि मुक्तिताक स्मासान वासिनिये फत्

kāpāliye phat ādhi muktitāka smasāna vāsinīye phat

카파리예 파트 아디 무크티타카 스마사나 바시니예 파트

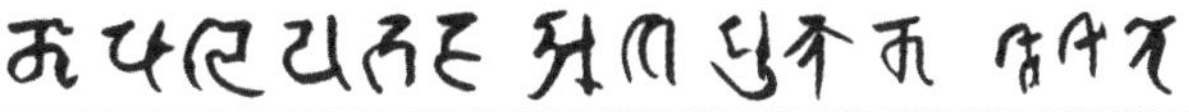

가파리예반 아디목지다가시마나샤나바시니예반

येकेचिछ सत्त्वाहस्य मम इत्तं ममस्य

yekecid sattvāhsya mama ittam mamaśya

예케치드 사뜨바흐스예 마마 이땀 마마스야

예계쟈나살다살다바

산스크리트 음역

바가반 타타가토스니사 시타타파트라 나모 스투테
아시타 나라르카 프라바 스푸타
비카 시타타파트레 즈바라 즈바라 다라 다라
비다라 비다라 체다 체다 훔 훔 파트
파트 파트 파트 파트 스바하 헤헤 파트 아모가야 파트
아프라티하타 파트 바라 프라다 파트 아수라 비다라카 파트
사르바 데베브야흐 파트 사르바 나게브야흐 파트 사르바 야크세브야흐 파트
사르바 간다르베브야흐 파트 사르바 아수레브야 파트 카타 아수레브야 파트
사르바 가루데브야흐 파트 사르바 킨라레브야흐 파트 사르바 마호라 게브야흐 파트
사르바 라크세브야흐 파트 사르바 마누세브야흐 파트 사르바 아마누 세브야흐 파트
사르바 부테브야흐 파트 사르바 피사체브야흐 파트 사르바 쿰반데브 야흐 파트
사르바 두르랑기테브야흐 파트 사르바 두스프레크시테브야흐 파트
사르바 즈바레 브야흐 파트 사르바 아파스마레브야흐 파트
사르바 스라바네브야흐 파트 사르바 티르티케브야흐 파트
사르바 운마따케브야흐 파트 사르바 비드야라자차르예 브야흐 파트
자야 카라 마두 카라 사르바르타 사다케브야흐 파트

비드야차르예브야흐 파트 차투르 바기니브야흐 파트
바즈라 쿠마리브야흐 파트 바즈라 쿠란다리브야흐 파트
비드야 라제브야흐 파트 마하 프라트얀기레브야흐 파트
바즈라 삼카라야 파트 프라트얀기라 라자야 파트
마하 칼라야 마하 마트르 가나 나마스 크르타야 파트
비스누비예 파트 브라흐마니예 파트 아그니예 파트
마하 칼라야 파트 칼라 단다야 파트 인드라야 파트
차문다예 파트 라우드리예 파트 칼라라트리예 파트
카파리예 파트 아디 무크티타카 스마사나 바시니예 파트
예케치드 사뜨바흐스예 마마 이땀 마마스야

한글 해석

성스러운 여래불정(如來佛頂)이이여,
흰 양산 아래에 계신 그대를 경배하며 귀의합니다.
흰 불빛과 같이 빛나는 활짝핀 흰 양상아래 계신 여신이시여,
빛나는 빛나는 부숴지는 부숴지는 파열되는 파열되는
절단되는 절단되는 즈발라 즈발라
다라 다라 비드라 비드라 친다 친다
훔 훔 파 파 파 파트 파트 스바하 기원합니다!

헤 헤 파트, 불공자(不空者)의 주문, 무애자(無碍者)의 주문,
은혜를 베푸는 이의 주문, 아수라(惡魔)를 물리치는 자의 주문,
일체 천신들의 주문, 일체 용신(龍神)들의 주문,
일체 야차신들의 주문, 일체 음악신들의 주문,
일체 아수라들의 주문, 아수라들의 주문,
일체 금시조(金翅鳥)들의 주문, 일체 긴나라 신들의 주문,
일체 마후라카 신들의 주문, 일체 나찰신(羅刹神)들의 주문,
일체 인간들의 주문, 일체 비인간(非人間)들의 주문,
일체 요귀들의 주문, 일체 악귀들의 주문,
재난을 지나가게하는 일체 신들의 주문,
재난을 일으키는 일체 신들의 주문, 일체 열병귀들의 주문,
일체 양두여고귀(洋頭女孤鬼)들의 주문, 일체 성문들의 주문,
일체 외도사(外道士)들의 주문, 일체 광란귀(狂亂鬼)들의 주문,
일체 명주(明呪)를 지닌 이들의 주문, 승리한 이 꿀을 만드는 이들,

모든 이익을 성취하고자 하는 이들의 주문,

명주를 행하는 이들의 주문,

사자매여신(四姉妹女神)들의 주문,

금강동여신(金剛童女神)들의 주문, 그 시녀들의 주문,

명주여왕신(明呪女王神)의 주문,

대조복자의 주문, 금강쇄(金剛鎖)의 주문,

조복왕(調伏王)의 주문, 대흑천신의 주문,

그의 대신비(大神妃)들의 주문, 정례 귀의하는 이들의 주문,

비쉬누 신들의 주문, 브라흐마 신들의 주문,

불의 신의 주문, 대흑색녀신들의 주문,

죽음의 신의 주문, 인드라 신의 주문,

차문다 신의 주문, 루드라 신의 주문, 밤의 신의 주문,

해골을 가진 신의 주문,

아디무크타 묘지에 살고 있는 여신들의 주문,

이들의 어떠한 주문이라도 파괴시킬수 있는 나를 위하여 보호해주소서!

5회 문수홍전회(文殊弘傳會)

문수홍전회(文殊弘傳會) 원문

पाप चित्ताः दुष्ट चित्ताः रौद्र चित्ताः पाप चित्ताः विद्धेश चित्ताः अमैत्र चित्ताः उत्पाद् यन्ति किल यन्ति मन्त्र यन्ति जपन्ति जे हन्ति ओजाहारः गर्भाहारः

pāpa cittāh dusṭa cittāh raudra cittāh papa cittāh vidveaśa
cittāh amaitra cittāh utpāda yanti kīla yanti mantra
yanti japanti johanti ojāhārah garbhāhārah

파파 치타흐 두스타 치타흐 라우드라 치타흐 파파 치타흐 비드베사
치타흐 아마이트라 치타흐 우트파다 얀티 킬라 얀티 만트라
얀티 자판티 조한티 오자하라흐 가르바하라흐

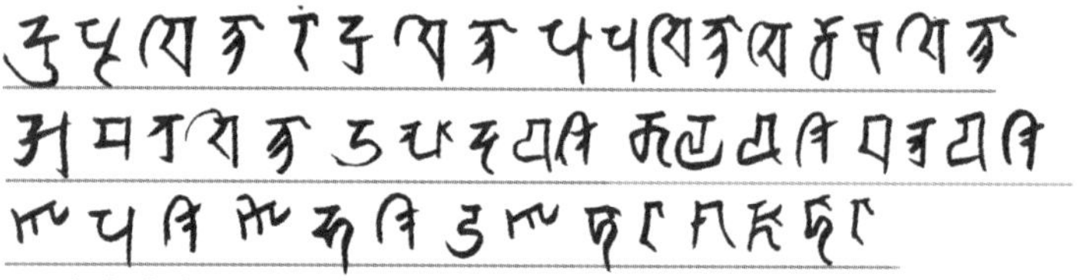

도시다진다 로지라진다 오사하라 가바하라

रुधिराहारः मेदहारः मांसाहारः वसाहारः मज्जाहरः जाताहारः

rūdhirāhārah medahārah māmsāhārah vasaharah majjhārah
jātāhārah

루디라하라흐 메다하라흐 맘사하라흐 바사하라흐 마짜하라흐 자타하라흐

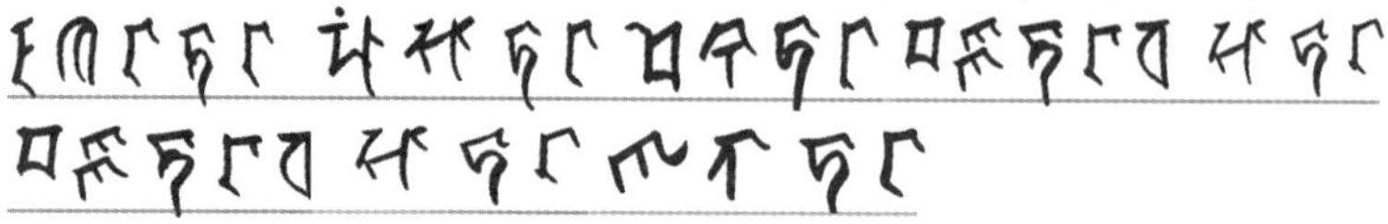

루디라하라흐 맘사하라흐 메다하라흐 마짜하라흐

जिविताहारः बल्याहारः माल्याहारः गन्धाहारः पुस्पाहारः

jīvitāhārah balyāhārah mālyāhārah gandhāhārah puspāhārah

지비타하라흐 발야하라흐 말야하라흐 간다하라흐 푸스파하라흐

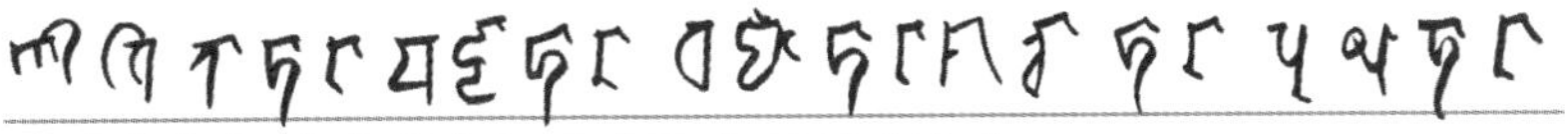

시비다하라 바랴야하라 간다하라 포시파하라

फलाहारः सस्याहाराः पाप चित्ताः दुस्त चित्ताः

phalāhārah sasyāhārah pāpa cittāh dusta cittāh

팔라하라흐 사스야하라흐 파파 치타흐 두스타 치타흐

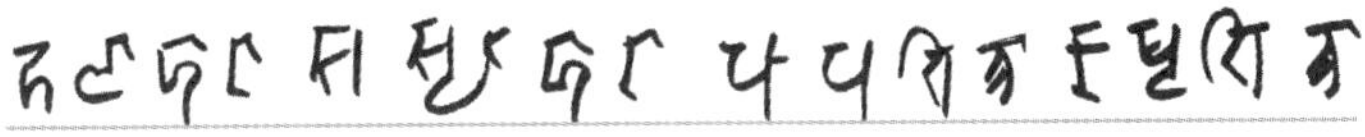

파라하라 사샤하라 파파짇다도시다짇다

रउद्र चित्ताः दे व ग्रहाः नाग ग्रहाः यश्र ग्रहाः राश्रस ग्रहाः आसुर ग्रहाः गरुड ग्रहाः किन्दर ग्रहाः महोर ग्रहाः

raudra cittāh deva grahāh nāga grahāh yaṣka grahāh rāksasa grahāh asura grahāh garuda grahāh kindara grahāh mahora grahāh

라우드라 치타흐 데바 그라하흐 나가 그라하흐 야크사그라하흐 라크사사 그라하흐 아수라 그라하흐 가루다 그라하흐 킨다라 그라하흐 마호라 그라하흐

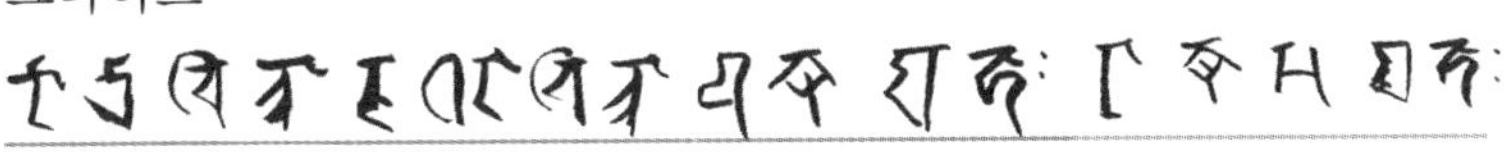

로다라짇다 다라짇다야차가라하 라찰사가라하남

प्रेत ग्रहाः पिसच ग्रहाःभुात ग्रहाः

preta grahāh piśaca grahāh bhūta grahāh

프레타 그라하흐 피사차 그라하흐 부타 그라하흐

폐례다가라하비샤차가라하 부다가라하

कुंभणड ग्रहाः स्कन्द् ग्रहाः उन्माद् ग्रहाः

kumbhāṇḍa grahāh skanda grahāh unmāda grahāh

쿰반다 그라하흐 스칸다 그라하흐 운마다 그라하흐

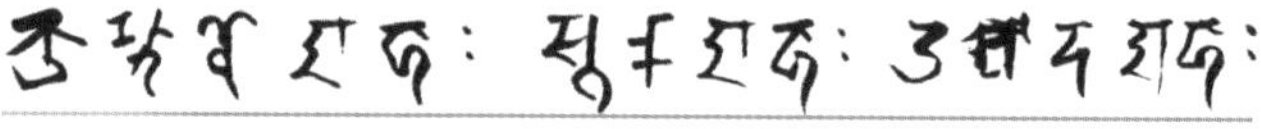

구반다가라하 색간타가라하 오다마타가라하

छाया ग्रहाः अप स्मार ग्रहाः दाक दीकनि ग्रहाः

chāyā grahāh apa smāra grahāh dāka dākinī grahāh

차야 그라하흐 아파 스마라 그라하흐 다카 다키니 그라하흐

차야가라하 아파사마라가라하 타가다기니가라하

रेवति ग्रहाः जमिक ग्रहाः शकुनि ग्रहाः

revatī grahāh jamika grahāh śakuni grahāh

레바티 그라하흐 자미카 그라하흐 사쿠니 그라하흐

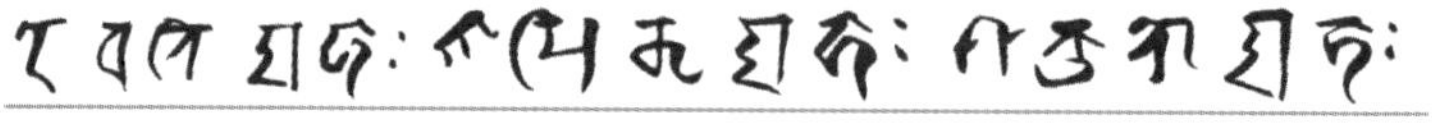

리파디가라하 사미가가라하 사구니가라하

मन्त्र नन्दिक ग्रहाः आलम्बा ग्रहाः हनु कन्चपानि ग्रहाः

mantra nandika grahāh ālambā grahāh hanu kanthapāni grahāh

만트라 난디카 그라하흐 아람바 그라하흐 하누 칸타파니 그라하흐

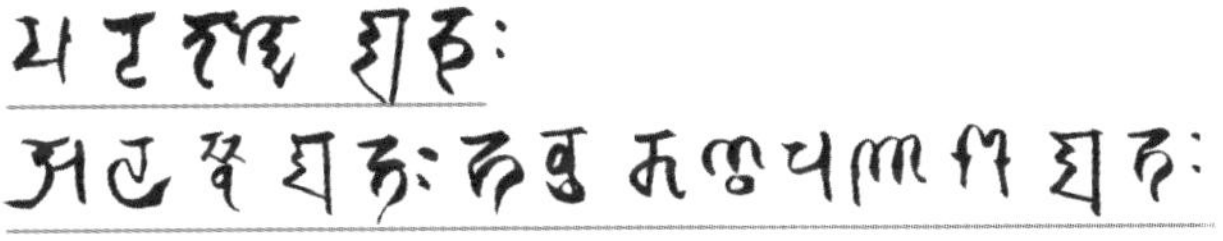

만다라난디가가라하 아람바가라하 하노간도파니가라하

ज्वरा एक हिक्का द्वइ५त यका त्रइतियका चार्तुयका ज्वरा

jvarā eka hikkā dvaitī yakā traitīyakā cāturthakā jvarā

즈바라 에카 히까 드바이티 야카 트라이티야카 차투르타카 즈바라

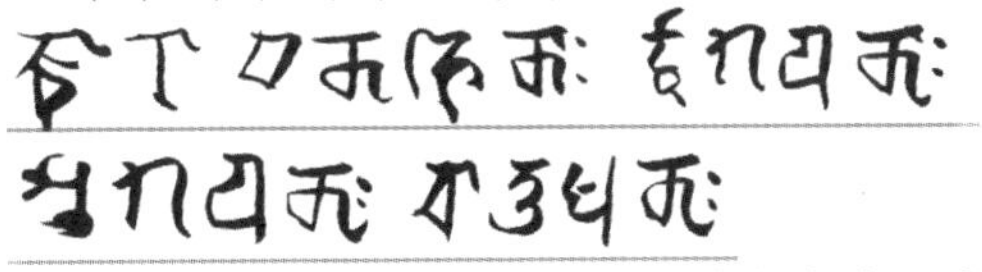

지바라예가혜가덕폐디가 데리데야가절돌리타가

नित्य ज्वरा विसम ज्वर वातिका पइत्तिका

nitya jvarā visama jvarā vātika paittikā

니트야 즈바라 비사마 즈바라 바티카 파이띠카

니디야시바라 비사마지바라 바디가배디가

श्लेस्मिका संनिपातिका र्सव ज्वरा शिरोर्ति

ślesmika samnipātikā sarva jvarā śirorti

스레스미카 삼니파티카 사르바 즈바라 시로르티

시례시미가 사니파디가 살바지바라 시로가라디

अर्ध अव बाधका अक्षि रेगः मूक रेगः हृद रेगः

ardha ava bādhakā akṣi rogah mukha rogah hṛda rogah

아르다 아바 바다카 악시 로가흐 무카 로가흐 흐르다 로가흐

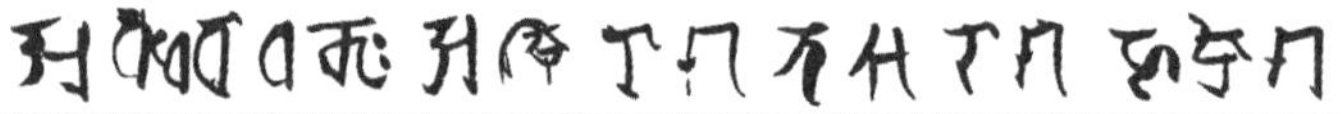

아라다바데 아기사로겸 목거로겸 가리도로겸

गल शूलं कर्ण शूलं

gala śūlam karṇa śūlam

갈라 수람 카르나 수람

갈라하슈람 갈나슈람

दन्त शूलं हृदय शूलं

danta śūlam ḥrdaya śūlam

단타 수람 흐르다야 수람

단다슈람 히나타야슈람

मर्म शुलं पार्श्व शुलं पृष्ठ शुल

marma śūlam pārśva śūlam pṛṣṭha śūlam

마르마 수람 파르스바 수람 프르스타 수람

말마슈람 파라시바슈람 배리시다슈람

उदर शुलं कटी शुलं वस्ति शुलं

udara śūlam kaṭi śūlam vasti śūlam

우다라 수람 카티 수람 바스티 수람

오타라슈람 전지슈람 바시데슈람

उरु शुल जङ्घ शुलं हस्त शुलं पद शुलं

ūru śūlam janghā śūlam hasta śūlam pada śūlam

우루 수람 장가 수람 하스타 수람 파다 수람

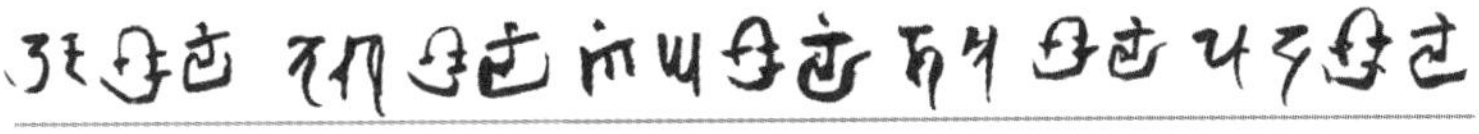

오로슈람 샹가슈람 하살다슈람 파다슈람

सर्वाङ्ग प्रत्यङ्ग सुलं भुत वेताद

sarvaṅga pratyanga śūlam bhūta vetāda

사르방가 프라트양가 수람 부타 베타다

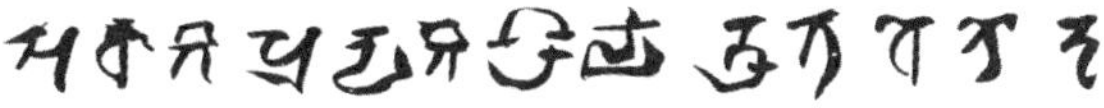

알가바라등슈람 부다베달다

दाकिनी जिवल दर्दु कण्डु किटिभ लुता

dākinī jīvala daduru kaṇḍu kiṭibha lūtā

다키니 지바라 다두루 칸두 키티바 루타

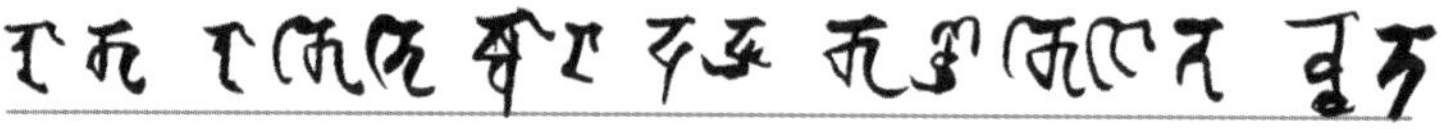

다기니 지바라도로건뉴 기디바로다

वैसर्पा लेह लिङ्गः सुास त्रसान कर विस यक

vaisarpā loha lingah śūsa trāsana kara visa yaka

바이사르파 로하 링가흐 수사 트라사나 카라 비사 야카

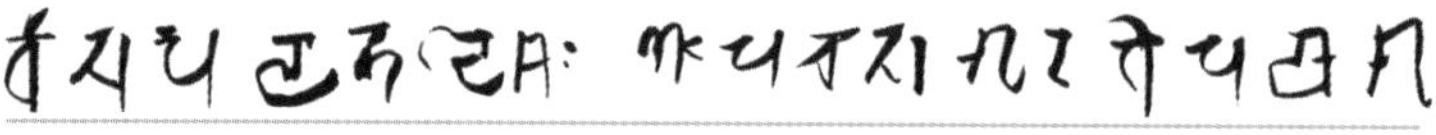

비살라파로하링가 슈사다라사나가라비사유가

अग्र उदक मारा विार कान्तार

agni udaka māra vīra kāntāra

아그니 우다카 마라 비라 칸타라

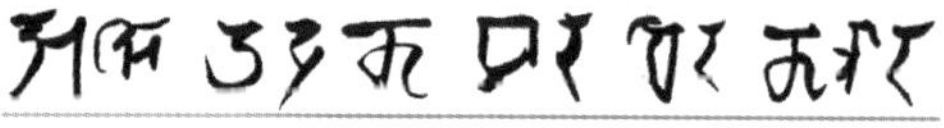

아기니오다가마라베라건다라

अकाल मृत्यु त्र्यंबुक त्रैलात वृश्चिक

akāla mṛtyu tryambuka trailāta vrścika

아카라 므르트유 트르얌부카 트라이라타 브르치카

아가라미리주 다려부가디리라타비시진가

सर्प नाकुल सिंह व्याग्झर्क्स तरक्स चमर

sarpa nakula simha vyāghrarksa taraksa camara

사르파 나쿠라 심하 브야그르라르크사 타라크사 차마라

살라바 나구라 싱가 야가라 달기차 다라걸차말라

जिवस् तेषां सर्वेसां सिततपत्रा

jīvas teṣāṁ sarvesām sitatapatrā

지바스 테삼 사르베삼 시타타파트라

시바뎨삼 살비삼살비삼 시다다발다라

महा वज्रे ष्णिसां महा प्रत्यङ्गिरां

mahā vajro snīsām mahā pratyangirām

마하 바즈로 스니삼 마하 프라트양기람

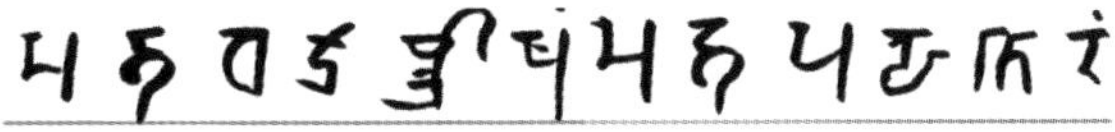

마하바절로 스니삼마하바라등기람

यावत् द्वा दाश येजन भ्यन्तरेन विद्या बन्धं करेमि

yāvat dvā daśa yojana bhyantarena vidyā bandham karomi

야바트 드바 다사 요자나 브얀타레나 비드야 반담 카로미

아바다다샤유사나 변다례나비디야반타가로미

सिंम बन्धं करेमि दि्श बन्धं करेमि पर विद्या बन्धं करेमि

sīmā bandham karomi diśa bandham karomi para vidyā bandham karomi

심마 반담 카로미 디사 반담 카로미 파라 비드야 반담 카로미

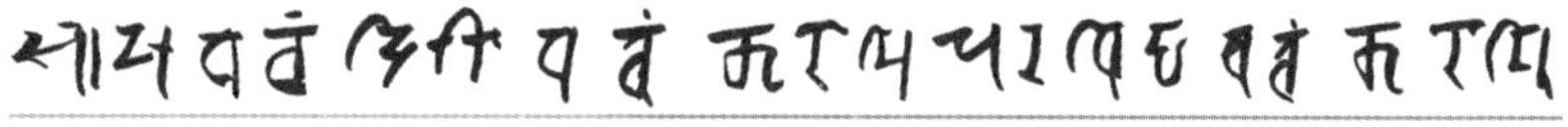

뎨슈반타가로미 파라비디야반타가로미 다디타

तेजे बन्धं करेमि हस्त बन्धं करेमि पद् बन्धं करेमि
सर्वङ्ग बन्धं करेमि तद्यथा ॐ अनले विशदे विार
वज्र धरे

tejo bandham karomi hasta bandham karomi pada bandham
karomi sarvānga bandham karomi tadyathā
om anale viśade vīra vajra dhare

테조 반담 카로미 하스타 반담 카로미 파다 반담
카로미 사르방가 반담 카로미 타드야타
옴 아나레 비사데 비라 바즈라 다레

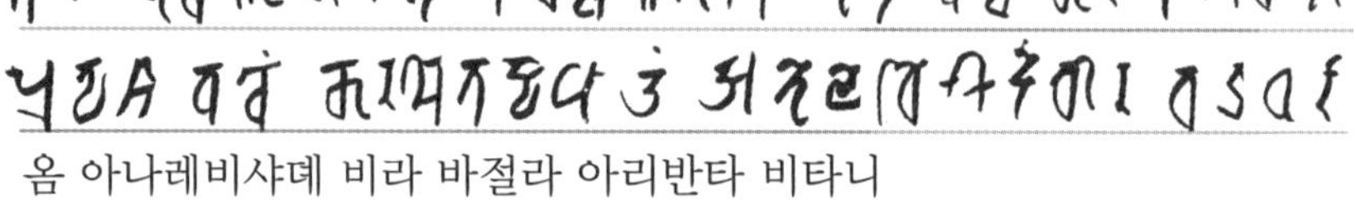

옴 아나레비샤뎨 비라 바절라 아리반타 비타니

बन्ध बन्धनि वज्र पनि फत् हुं हुं फत् स्वाहा

bandha bandhani vajrā pani phat hūm trūm phat svāhā

반다 반다니 바즈라 파니 파트 훔 트룸 파트 스바하

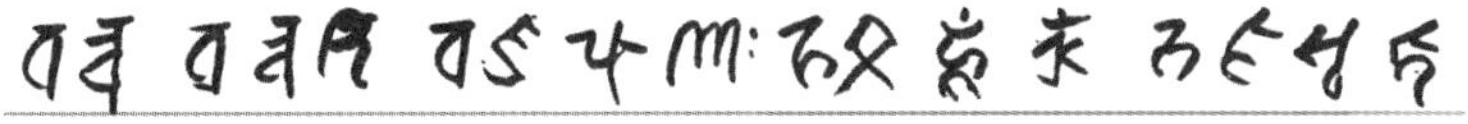

바절라파니반 훔 도로움 사바하 옴 비로데 사바하

नमो सततागताय सुगताय अर्हते संम्यक् संबुद्धाय
सिद्धयंतु मन्त्रपद स्वाहा

namo satathāgatāya sugatāyarhate samyaksambuddhāya

siddhyamtu mantrapadā svāhā

나모 사타타가타야 수가타야르하테 삼약삼부따야

시뜨얌투 만트라파다 스바하

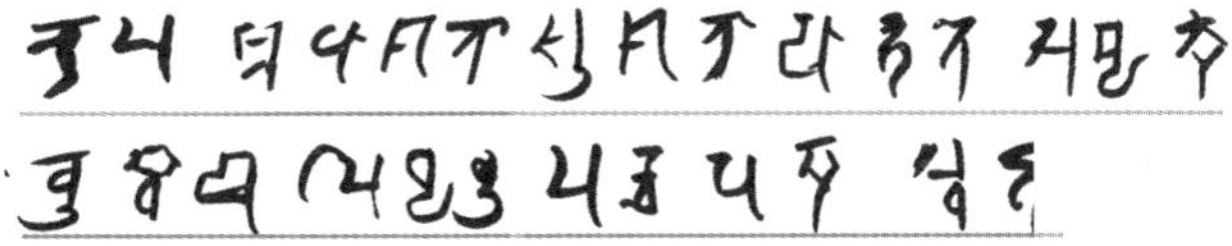

(부분 소실)

산스크리트 음역

파파 치타흐 두스타 치타흐 라우드라 치타흐 파파 치타흐 비드베사
치타흐 아마이트라 치타흐 우트파다 얀티 킬라 얀티 만트라 얀티
자판티 조한티 우자하라흐 가르바하라흐
루디라하라흐 메다하라흐 맘사하라흐 바사하라흐 마짜하라흐 자타하라흐
지비타하라흐 발야하라흐 말야하라흐 간다하라흐 푸스파하라흐
팔라하라흐 사스야하라흐 파파 치타흐 두스타 치타흐
라우드라 치타흐 라우드라 데바 그라하흐 나가 그라하흐 야크사
그라하흐 라크사사 그라하흐 아수라 그라하흐 가루다 그라하흐
킨다라 그라하흐 마호라 그라하흐
프레타 그라하흐 피사차 그라하흐 부타 그라하흐
쿰반다 그라하흐 스칸다 그라하흐 운마다 그라하흐
차야 그라하흐 아파 스마라 그라하흐 다카 다키니 그라하흐
레바티 그라하흐 자미카 그라하흐 사쿠니 그라하흐
만트라 난디카 그라하흐 아람바 그라하흐 하누 칸타파니 그라하흐
즈바라 에카 히까 드바이티 야카 트라이티야카 차투르타카 즈바라
니트야 즈바라 비사마 즈바라 바티카 파이띠카
스레스미카 삼니파티카 사르바 즈바라 시로르티
아르다 아바 바다카 악시 로가흐 무카 로가흐 흐르다 로가흐
무르다 베다로차카 아크시로가흐 무카 로가흐 흐르드 로가흐
갈라 수람 카르나 수람 단타 수람 흐르다야 수람
마르마 수람 파르스바 수람 프르스타 수람
우다라 수람 카티 수람 바스티 수람

우루 수람 장가 수람 하스타 수람 파다 수람
사르방가 프라트양가 수람 부타 베타다
다키니 지바라 다두루 칸두 키티바 루타
바야 사르파 로하 링가흐 수사 트라사나 카라 비사 야카
아그니 우다카 마라 비라 칸타라
아카라 므리트유 트르얌부카 트라이라타 브르치카
사르파 나쿠라 심하 브야그르라르크사 트라크사 차마라
지바스 테삼 사르베삼 시타타파트라
마하 바즈로 스니삼 마하 프라트얀기람
야바트 드바 다사 요자나 브야타레나 비드야 반담 카로미
심마 반담 디사 반담 카로미 파라 비드야 반담 카로미 디사
반담 카로미 파라 비드야 반담 카로미
테조 반담 카로미 하스타 반담 카로미 파다 반담 카로미 사르방가
프라트융가 반담 카로미 타드야타
옴 아나레 비사데 비라 바즈라 다레
테조 반담 카로미 하스타 반담 카로미 파다 반담 카로미 사르방가
프라트융가 반담 카로미 타드야타
옴 아나레 비사데 비라 바즈라 다레
반다 반다니 바즈라 파니 파트 훔 트룸 파트 스바하
나모 사타타가타야 수가타야르하테 삼약삼부따야
시뜨얌투 만트라파다 스바하

한글 해석

죄악과 악한 마음을 가진 귀신, 흉폭한 마음이 있는 귀신,
생기를 먹는 귀신, 태아를 먹는 귀신,
피를 먹는 귀신, 고기를 먹는 귀신,
뼈를 먹는 귀신, 아이를 먹는 귀신, 수명을 먹는 귀신,
공물(供物)을 먹는 귀신, 향기를 먹는 귀신, 꽃을 먹는 귀신,
과일을 먹는 귀신, 곡물을 먹는 귀신,

죄악심, 악심, 포악한 마음이 있는 이들,
분노 등이 있는 야차귀신들의 재난, 나찰귀들의 재난, 아귀의 재난,
죽은고기를 먹는 귀신의 재난, 정령귀신들의 재난,
수궁부녀귀의 재난, 소아병아귀의 재난,
광병마(狂病魔)의 재난, 영귀(影鬼)들의 재난,
양두여고귀(羊頭女孤鬼)의 재난, 압고여귀(壓蠱女鬼)의 재난,
여매(女魅)의 재난, 독수리 모양의 귀신의 재난,
말 모양의 귀신의 재난, 주희귀(呪喜鬼)의 재난,
뱀 모양의 귀신의 재난, 닭 모양의 귀신의 재난,

열의 학질귀신의 하루 발열, 이틀째 발열, 사흘째 발열,
나흘째 발열, 계속되는 학질열, 의식불명의 높은 발열,
풍병(風病), 황달병, 염창병, 이질병, 모든 열병,
두통, 편두통, 눈병, 입병, 그런 질병, 인후병,
귀의 통증, 이빨의 통증, 심장의 통증, 관절의 통증, 뼈의 통증,
척추의 통증, 배의 통증, 요통, 방광의 통증, 대퇴부의 통증,

다리의 통증, 손의 통증, 발의 통증, 각관절의 통증,
정령귀, 기시귀(起屍鬼), 압고여귀에 의한, 발열, 피부발진,
거미나 곤충에 의한, 계속퍼지는 염증, 음식독에 의한병,

독이 있는 불의 신, 물의 신, 용맹스런 짐승모습의 신,
불시에 죽음을 가져오는, 벌, 말, 말벌, 전갈, 뱀, 족제비,
사자, 호랑이, 늑대, 곰, 야크 소 등,
일체의 재난들을 일체의 재난들을,
하얀 양산아래에 대금강의 불정(佛頂)으로서 크게 조복시키고 물리친다.

12유순(由旬) 안에 내면으로 행한 그 주문을 나는 묶어놓을 것이다!
빛나는 광희로서 그것을 나는 묶어놓을 것이다!
다른이의 명주들을 나는 묶어 놓을 것이다!
그러므로 이와 같이 염송 할지니라!

옴 아나레 비사다 비라 바즈라 아리반타 비다니!
옴 광명, 광취이신 용감한 금강저(金剛杵)로서 적들을 묶어놓고
분리시켜 주소서!
금강수(金剛手)의 주문으로써 훔 트룸 스바하! 존경하는 주문으로
적들을 파패(破敗)시켜주소서!
옴 비루다카 스바하!
방해하는 이들을 물리쳐 주소서!

제2장
능엄주 진언 해석

백산개다라니(白山蓋陀羅尼)

नमाहः तथागते श्निसं सितात पत्रं अपराजितं प्रत्यङ्गिरं धारणि

namaḥ tathagato ṣīnsāṁ sitāta patram aparājitam
pratyangiraṁ dhāraṇī

나마흐 타타가토 스니삼 시타타 파트람 아파라지탐
프라트양기람 다라니

나마흐;귀의하다, 타타가타;여래,
우스니삼;불정(佛頂), 가장 높은,
시타타파트람;빛나는 양산,
아파라지탐;무적의,
프라트양기람;보호하는,
다라니;진언

부처님께 향하는 가장 높은 진언이며,
빛나는 지혜의 양산아래 모든 것을 보호하는 진언

1회 비로진법회(毘盧眞法會)

नमाहः सर्व सततसुगताय अर्हते सम्यक् संबुद्धस्य

namaḥ sarva satatasugatāya arhate samyak saṁbuddhsya

नमाहः सर्व सततबुद्ध कोतिष्निसम् नमहः सर्वबुद्ध

namaḥ sarva satatabuddha koṭīṣṇīṣaṁ namaḥ sarvabuddha

나마흐 사르바 사타타 수가타야 아르하테 삼약 삼부따스야
나마흐 사르바 사타타 부따 코티스니삼 나마흐 사르바 부따

나마흐;귀의하다,

사르바;모든, 전체,

사;그것, 타타;그렇게,

수;잘, 가타;되고있다,

아르하테;아라한(應供), 깨달은 이, 가치있는,

삼약삼부따스야;등정각자(等正覺者),

사타타;그렇게, 부따;부처님,

코티스니삼;수많은,

지극하신 여래와 아라한(應供)이신 등정각자(等正覺者)에게 귀의합니다.
지극하신 수많은 일체의 깨달은 부처님들에게 귀의합니다.

나무살다타소가다야 아라하데삼먁삼붇다야 나무살바붇다 보디사다베뱌

बोधीसत्त्वेयः नमहः सप्तानां सम्यक्संबुद्धकोतिनाम्
bodhisattvebhyaḥ namaḥ saptānāṁ samyaksaṁbuddhakotīnāṁ
सस्त्रवकसंघानं नमे लोकेअरातनां
saśravakasaṁghānāṁ namo lokearātanāṁ

보디 사뜨베브야흐 나마흐 사프타남 삼야크삼부따코티남
사사르바카 삼가남 나모 로케아라타남

보디 사뜨베브야;보살들,
나마;귀의하다,
사프타남 삼야크;칠구지(七俱胝),
삼부따 코티맘;등정각자(等正覺者),
사;같은,
스라;듣는.
바카;말,
삼가;승가(僧伽),
나모;귀의하다,
로케;장소, 세계,
아라타남;아라한들,응공(應供)들

일체의 제불(諸佛)과 보살들에게 귀의합니다.
칠구지(七俱胝) 등정각자와 성문승가에(聖聞僧伽) 귀의합니다.
세상에 있는 아라한에게 귀의합니다.

나무삽다남삼먁삼붇다구지남 사시라바가싱가남 나무로계아라하다남

नमहः स्रोतपन्नानां नमहः सकृदागामीनां

namaḥ srotâpannānāṁ namaḥ sakṛdāgāmiñaṁ

नामे अनागामिनां

namo anāgāminām

नामे लेके संङ्घानां सम्यक्प्रतीपननानां

namo loke saṁghānāṁ samyakpratipannānāṁ

나마흐 스로타판나남 나마흐 사크르다가미남
나모 아나가미남
나모 로케 삼가남 삼약프라티판나남

나마;귀의하다,

스로타판나;수다원(修陀洹), 예류(豫流),

사크르다가미담;사다함(斯陀含), 일래(一來),

나모;귀의하다, 아나가미남;순수한, 죄짓지 않는,

로케;세계,삼약 가타남;바르게 사는,

삼약 프라티판다남;바르게 가는

수다원(修陀洹) 또는 예류(豫流)에게 귀의합니다.
사다함(斯陀含) 또는 일래(一來)에게 귀의합니다.
순수한 이에게 귀의합니다.
세상에서 바르게 살아가는 이에게 귀의합니다.
바르게 나아가는 이들에게 귀의합니다.

나무소로다반나남 나무새가리다가미남 나무로계삼먁가다남
나무삼먁 바라디반

नमे देवर्सिनां नमहः सीद्धय विद्य धरर्सिानां

namo devarṣīnāṁ namaḥ siddhaya vidya dhararṣīnaṁ

शापनुग्रह सहस्त्र मर्थनाम नमे ब्रह्मने

śāpânugraha sahasra marthanām namo brahmane

나모 데바 르시남 나마흐 시따야 비드야 다라르시남
사파누그라하 사하스라 마르타남 나모 브라흐마네

나모;귀의하다, 데바;천신(天神),

르시;깨달은 수행자, 리쉬,

나마;귀의하다, 시따;성취한, 초능력,

비드야;지혜, 다라르시나;수행체계,

사파누그라하;주문(呪文)으로 이롭게하는,

사하스라;천개의 연꽃,

마르타남;주는,

브라흐마;범천(梵天), 창조의 신

천신과 성스러운 수행자에게 귀의합니다.
지혜의 수행체계를 터득하여 초능력을 지닌 이들에게 귀의합니다.
지혜의 수행체계를 성취하여 초능력을 지닌 성스러운 수행자들과
모두를 이롭게하는 주문(呪文)에게 귀의합니다.
범천(梵天)인 브라흐마 신에게 귀의합니다.

나남 나무데바리시남 나무미싣다야비디야다라남
나무싣다비디야타라 리시남
사바나게라하사하마라타남 사바나게라하사하마라타남
나무바라하마니

नमो इन्द्राय नमो भगवते रुद्राय

namo indrāya namo bhagavate rudrāya

उमापती सहीयाय नमो भगवते नारायनाय

umāpati sahiyāya namo bhagavate nārāyanāya

나모 인드라야 나모 바가바테 루드라야
우마파티 사히야야 나모 바가바테 나라야나야

나모;귀의하다,
인드라;제석천(帝釋天),
비와 천둥의 신,
바가바테;성스러운 세존(世尊) 바가반,
루드라;강력하고 공포스러운 시바신의 다른 이름,
우마파티;성스러운 여신,
사히타야;같이 있는,
나라야나;나라야나는 인간의 시초라는 뜻이며 비쉬누신과 크리쉬나의 화신(化身)

제석천인 인드라 신에게 귀의합니다.
성스러우며 세존이신 바가반이며 루드라 신과 성스러운 여신 마파티와 성스러운 세존이신 나라야나에게 귀의합니다.

나무인다라야 나무바가바데 노다라야 오마바디사혜야야
나무바가바데 나라연나야

पनाच महा समुद्र नमसक्र्ताय

pañca mahā samudra namaskṛtāya

नमे भगवते महा कालाय

namo bhagavate mahā kālāya

판차 마하 사무드라 나마스크르타야
나모 바가바테 마하 카라야

판차마하무드라;다섯가지의 위대한 무드라(五大印),
나마;귀의하다,
크르타야;행하다,
나모 바가바테 마하 카라야;성스러운 대흑신(大黑神)인 마하카라에 귀의하다

다섯가지의 위대한 무드라에게 귀의합니다.
진정으로 귀의합니다.
성스러운 대흑신인 마하칼라에게 귀의합니다.

반자마하무다라 나무새가리다야 나무바가바데마하가라야
디리보라나 가라

त्रिपुरा नगर वीद्रावन काराय अधिमुक्ती क्ष्माशान नीवासीने

tripurā nagara vidrāvaṇa kārāya adhimukti śmāśāna nivāsine

मातृ गनां नमस् क्रताय नमे भगवते तथागत कुलाय

mātṛ gaṇāṁ namas kṛtāya namo bhagavate tathāgata kulāya

트리푸라 나가라 비드라바나 카라야 아디묵티 스마사나 니바시네
마트르 가남 나마스 크르타야 나모 바가바테 타타가타 쿠라야

트리푸라 나가라;세계의 영역,
비드라바나 카라야;파괴하는,
아디묵티;안에,
스마사나;묘지, 화장장,
바시네;머물다,
마트리;베다에 나오는 물의 신,
가나;집단,
나마 크르타야;진정으로 귀의하다,
나모 바가바테 타타가타 쿠라야;세존이신 여래부(如來部)에게 귀의하다

아디무크타카 신의 묘지에서 사는 마트리 여신에게 귀의합니다.
진정으로 귀의합니다.
세존이신 여래부에게 귀의합니다.

비다라바나가라야 아디목다가시마샤나바시니
마다리가나 나무새가리다야 나무바가바데다타가다리구라야

नमो भगवतेभ पद्म कुलाय नमो भगवते वज्र कुलाय

namo bhagavate padma kulāya namo bhagavate vajra kulāya

नमो भगवते मनि कुलाय नमो भगवते गज कुलाय

namo bhagavate mani kulāya namo bhagavate gaja kulāya

나모 바가바테 파드마 쿠라야 나모 바가바테 바즈라 쿠라야
나모 바가바테 마니 쿠라야 나모 바가바테 가자 쿠라야

나모 바가바테 파드마 쿠라야
;연화부에 계신 세존께 귀의하다,
나모 바가바테 바즈라 쿠라야
;금강부(우뢰)에 계신 세존께 귀의하다,
나모 바가바테 마니 쿠라야
;보부에 계신 세존께 귀의하다,
나모 바가바테 가자 쿠라야
;상부(코끼리)에 계신 세존께 귀의하다

연화부(蓮華部)에 계신 세존께 귀의합니다.
금강부(金剛部)에 계신 세존께 귀의합니다.
보부(寶部)에 계신 세존께 귀의합니다.
상부(象部)에 계신 세존께 귀의합니다.

나무바두마구라야 나무바절라구라야 나무마니구라야
나무가사구라야

नमो भगवते दृढ शुर सेना प्रहरन राजाय तथागताय
अर्हते संम्यक् संबुद्धाय

namo bhagavate dṛḍa śura senā praharana rājāya tathāgatāya
arhate samyak sambuddhāya

नमो भगवते नमो अमिताभाय तथागताय

namo bhagavate namo amitābhāya tathāgatāya

나모 바가바테 드르다 수라 세나 프라하라나 라자야 타타가타야
아르하테 삼약 삼부따야
나모 바가바테 나모 아미타바야 타타가타야

나모 바가바테;성스러운 이에 귀의하다,

드르다 수라 세나;용맹한 군사를,

프라하라나 라자야;격파하는 왕,

타타가타;여래,

나모 아미타바 타타가타야;무량광의 아미타 여래에게 귀의하다

용맹한 군사를 격파하는 왕이신 성스러운 여래에게 귀의합니다.
성스러운 무량광(無量光)의 아미타 여래에게 귀의합니다.

나무바가바데 다리닷라세나 바라하라나라사야 다타가다야
나무바가바데 아미타바야 다타가다야

अर्हते संम्यक् संबुद्धाय नमे भगवते अक्सेभय
तधागताय

arhate samyak sambuddhāya namo bhagavate akṣobhya tathāgatāya

अर्हते संम्यक् संबुद्धाय

arhate samyak sambuddhāya

아르하테 삼약 삼부따야 나모 바가바테 아크소브야 타타가타야
아르하테 삼약 삼부따야

아르하테;아라한,
삼약 삼부다;정등각(正等覺),
아크소브 타타가타;아촉여래(阿閦如來)

아라한이시며 정등각을 이루신 성스러운 아촉(阿閦)여래와
아라한이시며 정등각자에게 귀의합니다.

(부분 소실)

नमो भगवते भैसज्य गुरु वैदुर्याय प्रभा राजाय
तथागताय अर्हते संम्यक् संबुद्धाय

namo bhagavate bhaisajya guruvaiḍūrya prabhā rājāya
tathāgatāya arhate samyak sambuddhāya

नमो भगवते सम्पुस्पिता सालेन्द्र राजाय

namo bhagavate sampuspītā sālendra rājāya

나모 바가바테 바이사즈야 구루 바이두라야 프라바 라자야
타타가타야 아르하테 삼약 삼부따야
나모 바가바테 삼푸스피타 살렌드라 라자야

나모 바가바테;성스러운 이에 귀의하다,
바이사즈야;의약, 치료
구루;스승, 존경, 바이두라야;묘안석(描眼石), 유리보석,
프라바 라자야;빛나는 왕, 광왕(光王),
바이사즈야 구루 바이두라야 프라바 라자야
;약사유리광왕여래(藥師琉璃光王如來),
삼푸스피타 살렌드라 라자야
;개부화왕(開敷華王)과 사라수왕(沙羅樹王)

성스러운 약사유리광왕여래(藥師琉璃光王如來)와 아라한이신
등정각자에게 귀의합니다.
성스러운 개부화왕(開敷華王)과 사라수왕(沙羅樹王)과 아라한이신
등정각자에게 귀의합니다.

아라하데삼먁삼붇다야 나무바가바데 아추볘야 바라바라사야 다타가
다야 아라하데삼먁삼붇다야 나무바가바데 삼포스비다사라라사야

तथागताय अर्हते संख्र संपुस्पिाता नमे भगवते

tathāgatāya arhate samyak sambuddhāya namo bhagavate

शाक्य मुनिये तधागताय अर्हते संबुद्धाय

śākya muniye tathāgāgatāya arhate samyak sambuddhāya

타타가타야 아르하테 삼약 삼부따야 나모 바가바테
사크야 무니예 타타가타야 아르하테 삼약 삼부따야

타타가타;여래(如來),
아르하테;아라한, 응공(應供),
삼약 삼부따야;정등각(正等覺者),
나모 바가바테;세존에게 귀의하다,
사크야 무니;사카무니, 석가모니(釋迦牟尼), 사카족의 성자,
아르하테 삼약 삼부따야;정등각을 이룬 아라한

성스러운 세존이신 사카무니 여래와 아라한이신
정등각자에게 귀의합니다.
아라한이시며 정등각을 이루신

다타가다야 아라하데삼먁삼붇다야 나무바가바데
사갸야모나예 다타가다야 아라하데 삼먁삼붇다야

नमो भगवते रत्न कुसुम केतु राजाय तथागथाय
namo bhagavate ratna kusuma ketu rājāya tathāgatāya
अर्हते संम्यक् संबुद्धाय तेभये तेसं
arhate samyak sambuddhāya tebhyo tesam

나모 바가바테 라트나 쿠수마 케투 라자야 타타가타야
아르하테 삼약 삼부따야 테브흐요 테삼

나모 바가바테;세존에 귀의하다,
라트나;보석,
쿠수마;꽃(花),
케투;인도 별자리인 9성(星)중의 하나,
라자;왕,
타타가타;여래, 라트나
쿠수마 케투 라자야 타타가타야;보화당왕여래(寶花幢王如來),
아르하테;아라한,
삼약 삼부따야 테브흐요(테삼);정등각자에 귀의하다

세존이시며 보화당왕여래에게 귀의합니다.
여래와 아라한과 정등각자에 귀의합니다.

나무바가바테 라다나구소마 게도라사야 다타가다야
아라하데삼먁삼붇다야데뵤

नमस् र्क्त एतदइम भगवत स तथागतेस्निसम् सिततपत्रम्

namas kṛta etadimam bhagavata sa tathāgatoṣṇīṣaṁ sitâtapatraṁ̐

नमपराजितम् प्रत्यङ्गिरा र्सव देव नमर्स्क्तां र्सव देवेयः

पुाजितं र्सव देवश्च परिपालितं र्सव भुात ग्रह

namaparājitam pratyaṅgirā sarva deva namaskrtām sarva devebhyah pūjitam sarva deveśca paripālitam sarva bhūta graha

나마스 크르타 에타드 이맘 바가바타 사 타타가토스니삼 시타타파트람
나마파라지탐 프라트얀기라 사르바 데바 나마스크르탐 사르바
데베브야흐 푸지탐 사르바 데베스차 파리파리탐 사르바 부타 그라하

나마스크르타;존경받는, 에타드 이맘;이것은,
바가바타;성스러운, 사;그것은, 타타가토;여래,
우스니삼;머리에 쓰는 두건, 시타타파트람;백색 양산,
나마마라지탐;무적(無敵)인, 프라트얀기라;조복(調伏)시키는,
사르바;전체, 데바브야흐;신, 천신, 푸지타;공양,
데베스차;천녀, 파리차리탐;보호하다,
부타;그렇게 되는, 그라하;부정적인 것, 귀신

이 성스러운 머리를 덮는 두건인 여래불정(如來佛頂)과 흰 양산에
귀의합니다.
무적이며 부정적인 것을 조복시키고 보호하는 분에게 공양하고
귀의합니다.

나무새가리다바이마함바가바다 살다타가도오스니삼 시다다바다람
나무아바라지단 바라등이라

निग्रह करनि पर विद्या छेदनि

nigraha karanī para vidyā chedanī

दुनतनं स्वानां दमकं दुस्तानं निवारनिं

dunatanam svānām damakam dustānām nīvāranim

अकाल मृत्यु परि त्तायन करि सर्व भन्धन मेक्सनि करि

akāla mṛtyu pari trāyana karī sarva bhandhana moksaī kari

니그라하 카라니 파라 비드야 체다니
두나타남 스바남 다마캄 두스타남 니바라님
아카라 무르트유 파리 트라야나 카리 사르바 반다나 모크사니 카리

사르바;일체의, 전체, 부타 그라하;귀신,
니그라하;조복시키다, 카라니;~하는, 파라;다른,
비드야;학문, 주문, 체다니;단절시키다, 두나타남;고통,
스바남;중생, 다마캄;벗어나다, 훈련하다, 두스타남;부정적인 장애,
니바라님;멈추다, 아카라;때 아닌, 무르트유;죽음, 사(死),
파리 트라야나 카리;제거하다, 사르바 반다나;모든 속박,
모크사니 카리;얽매임을 벗어나게하는, 자유롭게 하는

일체의 귀신들을 완전히 조복시키며
다른 신들의 주문들을 단절시키
고 때 아닌 횡사를 제거할 수 있으며
고통 받는 중생들을 벗어나게 하고
부정적인 장애를 멈추고 모든 중생들의 얽매임을 벗어나게 하며

살바부다게라하가라니 바라비디야체타니
아가라미리쥬 파리다라야나게리 살바반다나목차나가리

सर्व दुस्त दुह्स्वप्न निवारनि चतुराशितानिं

sarva duṣṭa duḥsvapna nivāranī caturāśītīnām

ग्रह सहस्रनाम् विध्वंसन करि

graha sahasrānām vidhvamsana karī

사르바 두스타 두흐스바프나 니바라니 차투라시티남
그라하 사하스라남 비드흐밤사나 카리

사르바 두스타;모든 좋지 않는,

두후스바프나 니바라니;악몽을 없앤다,

차투라;4,

시티탐;8,

그라하;악성(惡星),

사하스라남;1000,

차투라시티탐 그라하 사하스라;84000의 나쁜 별의 영향,

비드흐밤사나카리;파멸시키는

모든 좋지 않는 악몽을 없애며 84000의 나쁜 별의 영향을 소멸시키는

살바도시다 도사바나니바라니 쟈도라시디남
가라하사하사라남 비다방사나가리

अस्तविंशातिानां नक्सत्रानां प्रसादन करि

astaviṁ-śatīnām naksatrānām prasādana karī

अस्तानाम् महा ग्रहानां विध्वंसन करि

astānām mahā grahānām vidhvamsana karī

아스타빔사티남 나크사트라남 프라사다나 카리
아스타남 마하 그라하남 비드밤사나 카리

아스타빔사티남;28의, 천문학에서 28수(二十八宿),
나크스트라;별,
프라사다나 카리;성취하게하는,
아스타;8의,
마하 그라하;가장 나쁜 별, 대악성(大惡星),
비드밤사나 카리;파멸시키다.

28의 별들을 성취시키고
8가지의 가장 나쁜 별들을 파멸시키고

아스타빙설디남 낙찰다라남 바리사다나가리
이스타남 마하게라하남 비다밤사나가리

सर्व शत्रु निवारनाम् गुराम् दुझस्वप्नानं च नाशानि
sarva śatru nivāranām gurām duhsvapnām ca nāśnī
विास शस्त्र अग्न उइकरनं अपराजितगुरा
visa śastra agni udakaranām aparājitagurā

사르바 사트루 니바라남 구람 두흐스바프나남 차 나사니
비사 사스트라 아그니 우다카라남 아파라지타구라

사르바;일체의,
사트루;적(敵)을,
니바라나;막아주는, 구람;무서운,
두흐스바프나남;악몽(惡夢),
차;그리고,
나사니;없애는,
비사;독(毒), 사스트라;칼(劍),
아그니;불(火),
우다카라남;물(水),
아파라지타;불패(不敗),
구라;스승, 신(神)

일체의 적을 막아주며 무서운 악몽을 없애주며,
독야과 검과 불과 물의 난(難)으로부터 구원시키도다!
불패의 스승 또는 신

살바사도로니바라니 거라남 도스바발나난자나샤니
비사샤살다라 아기니 오다가라니 아파라시다구라

महा बल महा प्रचन्दि महा दिप्ता महा तेजाह्म महा श्वेत महा ज्वाला

mahā bala maha pracandī mahā dīptā mahā tejāh mahā śveta maha jvālā

महा बल पान्दर वासिनि आर्या तारा भृकुति

mahā bala pāndara vāsinī āryā tārā bhrkutī

마하 발라 마하 프라찬티 마하 디프타 마하 테자흐 마하
스베타 마하 즈바라
마하 발라 판다라 바시니 아르야 타라 브흐르쿠티

마하발라;큰 힘(大力, 마하;큰(大),
프라찬티;강한 힘을 가진 여신,
마하 프라찬티;큰힘을 가진 여신, 찬다 여신, 디프타;불,
마하 디프타;대화염신(大火焔神), 테자흐;불,
마하 테자흐;대화염신, 스베타;빛나는, 마하 스베타;대천녀(大天女),
즈바라;광명(光明), 밝게 빛나는, 염광신(炎光神),
발라;힘, 판다라;백색,
바시니;~입은, 판다라바시니;백의여신(白衣女神), 아르야;성인(聖人),
타라;보호하는, 타라 여신,
아르야 타라; 눈썹을 찡그리는, 브흐르쿠티;눈썹을 찡그리는

큰힘을 가진 찬다 신, 대화염신(大火焔神),
대화염신 대천녀(大天女)의 염광신(炎光神),
대력(大力)의 백의여신(白衣女神), 진여신(瞋女神)과,

마하바라전나 마하데다 마하데사 마하세비다 집벌라 마하바라
반다라바시니 아리야다라 비리구지

चैव विजया वज्र मालेति विस्रुता पद्मका

caiva vijayā vajra māleti viśrutā padmakā

वज्र जिवना च माला चैव अपराजिता वज्र दन्दि

vajra jivanā ca mālā caiva aparājitā vajra dandi

차이바 비자야 바즈라 마레티 비스루타 파드마카
바즈라 지바나 차 마라 차이바 아파라지타 바즈라 단디

차이바;그리고,

비자야;승리의, 최승여신(最勝女神),

바즈라;금강(金剛), 뇌전(雷電),

마레티;쥐다,

바즈라마레티;금강모신(金剛母神),

비스루타;유명한,

파드마카;연꽃의, 지바나;혀,

파드마카 바즈라 지바나;금강설여신(金剛舌女神),

마라;화환(花環), 꽃다발,

아파라지타;불패의,

단디;수문장의 신,

바즈라 단디;금강저여신(金剛杵女神)

최승여신(最勝女神), 마레티 꽃을 가진 금강모신(金剛母神),
연화에 앉은 여신 금강설여신(金剛舌女神),
꽃다발을 가진 불패의 여신 금강저여신(金剛杵女神)

체바비사야 바절라마례디비슈로다 발답망가
바절라아하바쟈 마라체바 바라진다 발절라단디

विशाला च शंता शवितिव पुजिता षौम्य रुपा माहा श्वेत

viśālā ca śamtā śavitiva pūjitā saumya rūpā māhā śveta

आंया तारा महा बला अपर वज्र शंकल चैव

āryā tārā mahā balā apara vajra śamkalā caiva

비사라 차 삼타 사비티바 푸지타 사움야 루파 마하 스베타
아르야 타라 마하 바라 아파라 바즈라 삼카라 차이바

비샤라;위대한, 저명한, 차;그리고, 삼타;고요한(寂),
사비티바;사이티바는 나눈다는 뜻이 있는데 중국본에 있으며 우리나라의 실담자기에는 데바 즉 신(神)으로 번역되어있다.
푸지타;푸자, 공양(供養), 예배,
사우미;소마가 잘못 전달되었다. 달의 여신으로도 리그베다에 알려져 있으며 제식으로 번역된다.
루파;형상, 마하 스베타;찬란히 빛나는, 태백여신(太白女神),
아르야;귀한, 타라;고상한, 현도천녀신(賢度天女神),
마하 바라 아파라;거대한 힘, 대력여신(大力女神),
바즈라;금강, 금강소여신(金剛銷女神),
삼카라;스린칼라로 나와 있으며 색깔을 의미한다.
차이바;그리고

위대하며 아름다운 신들로부터 공양을 받고 위대한 주술사 모습을 한 태백여신(太白女神), 현도천녀신(賢度天女神), 대력여신(大力女神), 금강소여신(金剛銷女神)

비샤라 차 선다샤비데바부시다소마로파 마하세미다
아리야다라 마하바라아파라 바절라샹가라제바

वज्र कुमारि कुलन् दारि वज्र हस्त चैव

vajra kumara kulan dari vajra hasta caiva

विद्या कान्चन मलिका कुसुंभ रन्ना

vidyā kāñcana mālikākusumbha ratnā

바즈라 쿠마리 쿠란 다리 바즈라 하스타 차이바
비드야 칸차나 마리카 쿠숨바 라트나

바즈라;금강,
쿠마리;어린 여신,
바즈라 쿠마리;금강동여신(金剛童女神),
쿠란 다리;여신들의 집단,
하스타;손,
바즈라 하스타;금강수여신(金剛手女神),
차;그리고,
비드야;지혜, 주문, 명주여신(明呪女神),
칸차나;황금, 마리카;화환,
칸차나 마리카;금만여신(金鬘女神),
쿠숨바;붉은 꽃,
라트나;보석

금강동여신(金剛童女神), 여신들의 집단, 금강수여신(金剛手女神),
명주여신(明呪女神), 금만여신(金鬘女神), 황금의 보물을 가진 여신

바절라구마리가 구람다리 바절라하사다자
비디야 건자나마이가 구소바가라가라다나

वैरोचन क्रिया अ॒ठस्निासां विर्ज्म्भमानि च

vairocana kriyā arthosnīsām vijrmbhamānī ca

वज्र कनक प्रभा लेचना वज्र तुन्दि च

vajra kanaka prabhā locanā vajra tunedī ca

바이로차나 크리야 아르토스니삼 비즈름바마니 차
바즈라 카나카 프라바 로차나 바즈라 툰디 차

바이로차나;태양,

크리야;행위,

아르타;목적,

우스니삼;불정(佛頂), 머리, 불정여신(佛頂女神),

비즈름바;전개하는, 마라;화환,

바즈라;금강,

카나카;황금,

프라바;빛나는,

로차나;보는, 관(觀)하는, 금강취여신(金剛嘴女神),

툰디;새의 부리

차;그리고

모든 곳에 비추는 불정여신(佛頂女神),
개구여신(開口女神) 번개와 황금의 빛이 나고
연꽃의 눈을 가진 금강취여신(金剛嘴女神)

비로자야나구리야 도담야라오스니사 비절탐바마라차
바절라가나가 바라바로차나 바절라 돈니차

स्वेता च कमलक्सा शशि प्रभ इत्यू एतए मुद्रा गनाः
svetā ca kamalaksā śaśi prabhā ity ete mudrā ganāh
सर्वे रक्सां कुर्वन्तु इत्तं ममस्य
sarve raksām kurvantu ittam mamaśya

스베타 차 카마락사 사시 프라바 이트예 에테 무드라 가나흐
사르베 라크삼 쿠르반투 이땀 마마스야

스베타;흰, 차;그리고,
카마락샤;연꽃의 눈을 가진,
스베타 카마락샤 사시프라바;백련화(白蓮化) 같은 눈을 가진 여신,
프라바;달처럼 빛나고 있는, 월광여신(月光女神),
스베타 카마락샤;백련화(白蓮化) 같은 눈을 가진 여신,
사시 프라바;달처럼 빛나고 있는,
이트예 에데;~처럼, 무드라;인(印),
가나; 집단, 사르베;전체,
라크사;수호하다,
쿠르반투;만들다,
이땀;~처럼, 마마스야;나에게

백련화(白蓮化) 같은 눈을 가진 여신,
빛나는 눈을 가진 월광여신(月光女神) 등과 같이
이러한 무드라 즉 제인(諸印)들을 보이는 제존이시여!
모든 것들에 수호를 베푸소서!
이와 같이 연통하는 이 나에 대하여.

세비다차가마라걸차 샤시바라바이데이데 모다라니가나
시볘라걸참 구라반도인토나마마나샤

2회 석존응화회(釋尊應化會)

ॐ ऋषि गन प्रशस्त सतथागतेस्नासं

om rsi gana praśasta satathāgatosnīsam

हुं त्रुं जंभन हुं त्रुं स्तंभन मेहन

hūm trūm jambhana hūm trūm stambhana mohana mathāna

옴 르시 가나 프라사스타 사 타타가토스니삼
훔 트룸 잠바나 훔 트룸 스탐바나 모하나 마타나

옴;절대적인 진언,
르시;성스러운 수행자,
가나;대중,
프라사스타;찬미되는, 사;그는,
타타가타;여래,
우스니사;불정(佛頂),
훔 트룸;뜻이 없는 진언 또는 만트라,
잠바나;파괴자, 스탐바나;통제자,
모하나;환영(幻影),
마타나;소멸시키는

옴 성스러운 수행자들(聖仙衆)에게 찬미되는 여래불정(如來佛頂)이시여!
훔 트룸 환영(幻影)의 파괴자여! 훔 트룸 통제자여!

옴무리시게나 바라샤스다 사다타가도
오스니삼 훔도로옴 점바나 훔도로옴 신담바나

हुं तुं पर विद्या सं भक्सन कर

hūm trūm para vidyā sam bhaksana kara

हुं तुं दुसृतानं सं भक्सन कर

hūm trūm dustanam sam bhaksana kara

हुं तुं सर्व यक्स राक्सस ग्रहानां

hūm trūm sarva yaksa rāksasa grahānām

훔 트룸 파라 비드야 삼 바크사나 카라

훔 트룸 두스타남 삼 바크사나 카라

훔 트룸 사르바 야크사 라크사나 그라하남

훔 트룸; 진언,

파라;다른 이의, 비드야;주문, 학문,

삼;같은, 바크사나;말,

카라;행하는, 두스타남;사악한,

사르바;전체, 야크사;야

차(夜叉), 라크사나;나찰(羅刹),

그라하남;재난

훔 트룸 다른 이의 주문을 삼켜버리는 분이여!

훔 트룸 악한 진언을 제어하는 이여!

훔 트룸 모든 악한자들을 제어하는 이여!

모든 야차(夜叉), 나찰(羅刹)귀신들의 재난을 파괴하신 분이여!

훔도로움 파라비디야삼박차라나 훔도로움 살바부사타남

스담바나가라 훔도로움 살바야차 하라차사게라하남

विछ्वंसन कर हुं त्रुं चतुरसातितानं

vidhvamasana kara hūm trūm caturaśītīnam

ग्रह सहस्रानां विछ्वंसन कर हुं त्रुं

graha sahasrānām vidhvamsana kara hum trūm

비드밤사나 카라 훔 트룸 차투라시티남
그라하 사하스라남 비드밤사나 카라 훔 트룸

비드밤사나;멸(滅)하시는, 조복시키는,

카라;행하는,

훔 트룸;진언,

차투르;4,

아시티남;80,

그라하;별, 유성(流星),

사하스라남;1000,

훔;진언

훔 트룸 84000의 악마들을 멸하신분이여!
훔 트룸 훔 트룸 보호하소서, 보호하소서!
성스러운 여래불정으로 조복(調伏)시키는 분이시여!

비다방사나가라 훔도로움 쟈도라시디남
게라하사라남 비다방사나가라 훔 트룸

अस्त विंसतिनां नक्षत्रानं

asta vimsatinām naksatranam

प्ररसदन कर हुं त्रुं रक्स रक्स

prasadana kara hūm trūm raksa raksa

아스타 빔사티남 나크사트라남
프라사다나 카라 훔 트룸 라크사 라크사

아스타;8,

빔사티;20,

나크사트라;28개의 별 또는 성진(星辰),

프라사다나;관장하는, 고요하게 하는, 멸하게 하는,

카라;행하는

훔 트룸;진언,

라크사;보호하다,

28개의 별들을 관장하는이시여!
훔 트룸 보호해주소서,
보호하소서!

아스타비마샤데남 나가사다라남
바라마타나가라 훔도로움 라차라차

बागव् स्तथागते स्नास

bagavan stathagato snīsa

प्रत्यन्गिरे महा सहस्र बुजे सहस्र शंस

pratyangire mahā sahasra bhuje sahasra śirsa

바가반 스타타가토 스니사
프라트얀기레 마하 사하스라 부제 사하스라 시르사

바가반;성스럽고 위대한,

사;그는,

타타가토스니사;여래불정(如來佛頂),

프라트얀기레;조복시키는,

마하사하스라부제;위대한 천개의 손을 가진 여신(大千手女神),

사하스라 시르사;천개의 머리를 가진 여신

성스럽고 위대한 여래불정으로서
천개의 손과 천개의 머리로서 조복시키는 분이시여!

박가범 사다타아도오스니사 바라등이리 마하사하사라부아
사하사라 시리

कोति शत सहस्रर नेत्रे अभेद्य ज्वलित नतनक

kotī śata sahasrara netre abhedya jvalita natanaka

महा वज्र दार त्रिभुवन मन्दल

mahā vajra dāra tribhuvana mandala

ॐ स्वस्तिर्भवतु मम इत्तं ममश्य

om svastir bharvatu mama ittam mamaśya

코티 사타 사하스라 네트르 아베드야 즈발리타 나타나카
마하 바즈로 다라 트리부바나 만달라
옴 스바스티르 바르바투 마마 이땀 마마스야

코티;수많은, 천만의, 사타;백(百)의,
사하스라;천(千)의, 네트르;안내자, 아베드야;무적의, 지배하는,
즈발리타;빛나는, 나타카;춤추는,
마하바즈라다라;대금강저(大金剛杵), 트리 부바나;3계(三界),
만다라;우주적인 도형(圖形), 옴;성음(聖音),
스바스티;길상(吉祥), 마마;나의, 이담;이 세계

많은 눈을 지닌 여신이여!
불꽃처럼 비추이며 춤추는 여신이여!
대금강저(大金剛杵)를 가진 여신이여!
삼계(三界)의 만다라를 지배하시는 여신이여!
옴 길상(吉祥) 있으소서!
이와 같이 연통하는 이 나에 대하여.

구지사다사하살라니다례 아베디야지바리다나타가
마하바절로타라 데리부바나 만다라 옴사시데 바바도 인토마마

3회 관음합동회(觀音合同會)

राजा भयाः चेर भयाः अग्न भयाः उद्क भयाः

raja bhayāh cora bhayāh agni bhayāh udaka bhayāh

विस भयाः श्स्त्र भयाः पर चक्र भयाः

visa bhayāh śastra bhayāh para cakra bhayāh

라자 바야흐 초라 바야흐 아그니 바야흐 우다카 바야흐
비사 바야흐 사스트라 바야흐 파라 차크라 바야흐

라자;왕,

바야흐;재난,

초라;도적, 아그니;불,

우다카;물, 비사;독(毒),

사스트라;무기, 파라;다른,

차크라;군대,

왕의 위난(危難), 도적의 재난,
불의 재난, 물의 재앙,
독(毒)의 재난, 무기의 위난,
적군의 재난

라사바야 주라바야 아기니바야 오다가바야
베사바야 샤사다라바야 파라작가라바야

दुर्भिकस भयाः अशनि भयाः अकाल मृत्यु भयाः

durbhiksa bhayāh aśani bhayāh akāla mrtyu bhayāh

धरनि भुमि कंप भयाः उल्का पात भयाः

daranī bhūmī kampa bhayāh ulkā pāta bhayāh

두르비크사 바야흐 아사니 바야흐 아카라 므르트유 바야흐
다라니 부미 캄파 바야흐 울카 파타 바야흐

두르;방해하는, 호(戶),
비크사;기아(飢餓),
바야흐;재난,
아사니;벼락,
아카라; 때 아닌,
므르트유;죽음,
다라니;주문,
부미 캄파;땅의,
울카;유성(流星),

기아의 재앙, 벼락의 재난,
때 아닌 죽음의 재난,
땅의 재난, 떨어지는 재난,
유성이 떨어지는 재난

돌릴차바야 아샤니바야 아가라미릴쥬바야
아다라미부미검바 가파다바야 오라라가파다바야

राजा दन्द भयाः नाग भयाः विधुत भयाः

raja danda bhayāh nāga bhayāh vidyut bhayāh

सुपर्ना भयाः यक्स ग्रहाः राक्सस ग्रहाः

suparnā bhayāh yaksa grahāh rāksasa grahāh

라자 단다 바야흐 나가 바야흐 비드유트 바야흐
수파르나 바야흐 약사 그라하흐 라크사사 그라하흐

라자;왕,

단다;형벌,

바야흐;재난,

나가;뱀, 용(龍),

비드유트;뇌전(雷電),

수파르나;독수리,

약사;야차귀(夜叉鬼),

라크사사나찰귀(羅刹鬼),

왕의 형벌난, 뱀의 재난,
뇌전의 재난, 독수리의 재난,
야차귀의 재난, 나찰귀의 재난

라사단다바야 나가바야 비디유바야
소파릴니바야 야차게바라하 라차사게라하

प्रेत ग्रहाः पिशाच ग्रहाः भुात ग्रहाः

preta grahāh piśāca grahāh bhūta grahāh

कुंभान्द ग्रहाः पुातना ग्रहाः कत पुातना ग्रहाः

kumbhānda grahāh pūtanā grahāh kata pūtanā grahāh

프레타 그라하흐 피사차 그라하흐 부타 그라하흐
쿰반다 그라하흐 푸타나 그라하흐 카타 푸타나 그라하흐

프레타;아귀(餓鬼),
그라하흐;재난,
피사차;사육귀(屍肉鬼),
부타;정령귀(精靈鬼),
쿰반다;병(瓶),
푸타나;사귀마(邪鬼魔),
가타푸타나;병마,

아귀의 재난,
사육귀의 재난,
정령귀의 재난,
수궁부녀귀(守宮婦女鬼)의 재난,
사귀마의 재난,
병마의 재난,

피리다게라하비샤자게라하 부다게라하
구반다게라하 부단나게라하 가타부단나게라하

स्कन्द् ग्रहाः अप स्मार ग्रहाः उन्माद् ग्रहाः
skanda grahāh apa smāra grahāh unmāda grahāh
चाया ग्रहाः हृपाति ग्रहाः जाताहारिनां
chāyā grahāh hrpāt grahāh jātāhārinām

스칸다 그라하흐 아파 스마라 그라하흐 우마다 그라하흐
차야 그라하흐 흐르파트 그라하흐 자타하리남

스칸다;어린이 병마,
그라하흐;재난,
아파 스마라;빙의(憑依),
우마다;광기(狂氣),
차야;영귀(影鬼), 환영(幻影)의 귀(鬼),
흐르파트;한역으로는 르바티 인데 여귀(女鬼),
자타하리나;생아(生兒)를 먹는 귀신

소아병마(小兒病魔)의 재난,
빙의(憑依)의 재난,
광기의 재난
영귀(影鬼)의 재난,
여귀(女鬼)의 재난,
생아를 먹는 귀신

새건다게라하 아파사마라게라하 오단마다게라하
차야게라하 려바디게라하 사디하리니

गर्भा हानिं रुधिरा हारनां माम्साहारिनां

garbhā hārinām rudhirā hārinām māmsāharinam

मेदा हारिनां मज्जा हारनां ओजस् हारिन्याः जिविता हरिनां

medā hārinām majjā hārinām ojas hārinyāh jivitā
hārinām

가르바 하리남 루드히라 하리남 맘사하리남
메다 하리남 마짜 하리남 오자스 하린야흐 지비타 하리남

가르바;자궁, 태아,
하리남;귀신,
루드히라;피투성이,
맘사;살, 수육,
메다;지방(脂肪),
마짜;골수(骨髓),
오자스;정기(精氣), 하린요;귀신,
지비트;목숨, 생명,

태아를 먹는 귀신, 피를 먹는 귀신,
살을 먹는 귀신, 지방을 먹는 귀신,
골수를 먹는 귀신,
정기를 빨아먹는 귀신, 목숨을 잡아먹는 귀신

게라바하리니 로디라하리니 망사하리니 게다하리니
마사하리니 사다하리니 시볘다하리니

वासा हारिनां वान्ता हारिनां अशुच्य हारिन्यः चित्त हारिन्यः

vāsā hārinām vāntā hārinām aśucyā hārinyāh
cittā hārinyāh

तेसं सर्वेसां सर्व ग्रहानां विद्यां छेद् यामि

tesām sarvesām sarva grahānām vidyām cheda yāmi

바사 하리남 반타 하리남 아수츠야 하린야흐 치따 하린야흐
테삼 사르베삼 사르바 그라하남 비드얌 체다 야미

바사;뇌, 골수,
하리남;귀신, 반타;토하다,
아수츠야;더러운, 하린요;귀신,
치따;마음, 테삼;이,
사르베삼;전체의,
사르바;모든, 그라하남;재난,
비드얌;주문, 체다;끊다,
야미;~하겠다

숨을 먹는 귀신,
토한 것을 먹는 귀신,
더러운 것을 먹는 귀신,
마음을 먹는 귀신,
이 모든 재난을 일으키는 귀신들의 주문을 끊어버리겠노라!

바다하리니 바다하리남 아슈차하리니 짇다하리니
대삼살비삼 살바게라하남 비디야 친다야미

किल यामि परि व्रजक क्रतां विद्यां छेद् यामि

kila yāmi pari vrajaka krtām vidyā cheda yāmi

किाल यामि दक दाकिनि र्क्तं विद्यां छेद् यामि

kila yāmi daka dākinī krtām vidyām cheda yāmi

키라 야미 파리 브라자카 크르탐 비드야 체다 야미
키라 야미 다카 다키니 크르탐 비드얌 체다 야미

키라;나무못, 정(釘),

야미;그러하다,

키라야미;묶어 놓다,

파리브라자카;외도,

크르타;행하다,

비드야;주문, 체다;끊다,

다카;물,

다키니;인육(人肉)을 먹는 귀녀(鬼女),

크르탐;행하다, 비드얌;주문,

체다야미;끊어 놓다

묶어 버리겠노라!
외도(外道)들이 행한 주문을 끊어 버리겠노라!
묶어 버리겠노라!
다키니 여신이 행한 주문을 끊어버리겠노라!

기라야미 파리바라작가라 그리담비디야 친다야미
기라야미 다기니 그리담비디야 친다야미

किल यामि महा पसुपताय रुद्र कृतां

kila yāmi mahā paśupatāya rudra krtām

विद्यां छेद् यामि किल यामि नारायन कृतां

vidyām cheda yāmi kīla yāmi nārāyana krtām

키라 야미 마하 파수파타야 루드라 크르탐
비드얌 체다 야미 키라 야미 나라야나 크르탐

키라 야미;묶어버리다,

마하;거대한,

파수파티;수주(獸主), 가축의 신, 시바신을 칭한다,

루드라;리그베다에 나오는 신인데 나중에 시바신으로 알려진다,

크르탐;행하다,

비드얌;주문,

체다 야미;끊어버리다,

나라야나;인간의 시조이며 비쉬누 신의 화신,

묶어버리겠노라!
대수주(大獸主) 루드라 신이 행한 주문을 끊어버리겠노라!
묶어버리겠노라!
나라야나 신이 행한 주문을 끊어버리겠노라!

기라야미 마하바슈바디야 로다라 그리담
비디야 친다야미 기라야미 나라야나야 그리담

विद्यां छेद् यामि किल यामि तत्त्व गरुदेशे क्तां

vidyām cheda yāmi kīla yāmi tattva garudeśe krtām

विद्यां छेद् यामि किल यामि महा काल

vidyām cheda yāmi kīla yāmi mahā kāla

비드얌 체다 야미 키라 야미 타트바 가루데세 크르탐

비드얌 체다 야미 키라 야미 마하 카라

비드얌;주문,

체다야미;끊어 놓다,

키라 야미;묶어 놓다,

타트바;그것,

가루다;비쉬누 신이 타고 다니는 새,

크르탐 비드야;주문을 행하다,

마하;큰,

카라;검은

묶어버리겠노라!
가루다 새가 행한 주문을
끊어버리겠노라!
묶어버리겠노라!
마하칼라(大黑天神)와

비디야친다야미기라야미 다타바가로다 그리담비디야
친다야미기라야미 마하가라

मातृ गन र्क्तं विद्यां छेद् यामि काल यामि

mātr gana krtām vidyām cheda yāmi kīla yāmi

कापालिक र्क्तं विद्यां छेद् यामि किाल यामि

kāpālika krtām vidyām cheda yāmi kīla yāmi

마트르 가나 크르탐 비드얌 체다 야미 키라 야미
카파리카 크르탐 비드얌 체다 야미 키라 야미

마트리;전체,

가나;대중,

크르탐;행하다,

비드얌;주문,

체다 야미;끊어버리다.

키라 야미;묶어버리다,

카파라카;시바파의 추종자,

그의 신비(神妃)들이 행한 주문을 끊어버리겠노라!
묶어버리겠노라!
카팔리카 족들이 행한 주문을 끊어버리겠노라!
묶어버리겠노라!

마다라 가나 그리담비디야 친다야미 기라야미
가파리가 그리담비디야 친다야미 기라야미

जय कर मदु कर सर्वर्थ साधहन र्क्तां

jaya kara madhu kara sarvartha sādhana krtām

विद्यां छेद् यामि किाल यामि चर्तु भगिनि र्क्तां

vidyām cheda yāmi kīla yāmi catur bhāgini krtām

자야 카라 마두 카라 사르바르타 사다나 크르탐
비드얌 체다 야미 키라 야미 차투르 바기니 크르탐

자야;승리, 카라;행하다,

마두;꿀, 매력있는,

사르바르타;일체의 이익,

사다나;바르게 이끌다,

크르타;행하다,

비드얌;주문,

체다 야미;끊어 놓다,

키라 야미;묶어 놓다,

차투르;4,

바기니;자매

승리한 이, 꿀을 만드는 이,
일체의 이득을 성취하고자 하는 이가 행한 주문을 끊어버리겠노라!
묶어버리겠노라!
네명의 자매여신(四姉妹女神)이 행한

사야가라 마도가라 살바라다사다니 그리담
비디야 친다야미 기리야미 자도릴바기니 그리담

विद्यां छेद् यामि किाल यामि भंनगि रिति

vidyām cheda yāmi kīla yāmi bhrngi riti

नन्दकेश्वर गन पति सहेय क्तां

nadakeśvara gana pati saheya krtām

비드얌 체다 야미 키라 야미 브른기 리티
나다케스바라 가나 파티 사헤야 크르탐

비드얌;주문,
체다 야미;끊어 버리다,
키라 야미;묶어 버리다,
브른기리티;투전외도(鬪戰外道),
나다케스바라;환희왕(歡喜王),
가나파티;그들의 수령

주문을 끊어버리겠노라!
묶어버리겠노라!
투전외도(鬪戰外道)와 환희 왕과 그들의 수령과

비디야 친다야미 기라야미 빙의리지
난니계슈바라 가니바디 사헤야 그리담

विद्यां छेद् यामि किल यामि

vidyām cheda yāmi kīla yāmi

ब्रह्म र्क्तां रुद्र र्क्तां नगनरयान

र्क्तां विद्यां छेद् यामि

brahma krtām rudra krtām naryāna

krtām vidyām cheda yāmi

비드얌 체다야미 키라 야미

브라흐마 크르탐 루드라 크르탐 나라야나

크르탐 비드얌 체다 야미

비드얌;주문,

체다 야미;끊어 버리다,

키라 야미;묶어 버리다,

브라흐마;창조의 신,

크르탐;행하다,

루드라;소멸의 신,

나라야나=유지의 신 비쉬누의 화신,

그들의 권속들이 행한 주문을 끊어버리겠노라!

묶어버리겠노라!

나체 수행자들이 행한 주문을 끊어버리겠노라!

비디야 친다야미 기라야미

나연나시라바나 그리담비디야 친다야미

किल यामि अरहत् र्क्तां विद्यां छेद् यामि

kīla yāmi arhat krtām vidyām cheda yāmi

किल यामि वित राग र्क्तां विद्यां छेद् यामि

kīla yāmi vīta rāga krtām vidyām cheda yāmi

키라 야미 아르하트 크르탐 비드얌 체다 야미
키라 야미 비타 라가 크르탐 비드얌 체다 야미

키라 야미;묶어 버리다,

아르하트;아라한,

크르탐;행하다,

비드얌;주문,

체다 야미;끊어 버리다,

비타;즐거운,

라가;욕망,

묶어버리겠노라!
아라한들이 권속들이 행한 주문을 끊어버리겠노라!
묶어버리겠노라!
욕망을 버린이 들이 행한 주문을 끊어버리겠노라!

기라야미 아라하다 그리담비디야 친다야미
기라야미 미다라가 그리담비디야 친다야미

किाल यामि वज्र पानि वज्र पानि गुहय गुहय

kīla yāmi vajra pāni vajra pāni guhya guhya

खदि पति क्तां विद्यां छेद् यामि

kadhi pati krtām vidyām cheda yāmi

किाल यामि रक्सामं भगव् इत्तम् ममश्य

kīla yāmi raksamām bhagavan ittam mamaśya

키라 야미 바즈라 파니 바즈라 파니 구흐야 구흐야
카디 파티 크르탐 비드얌 체다 야미
키라 야미 라크사맘 바가반 이탐 마마스야

키라 야미;묶어 버리다, 바즈라;금강, 파니;손(手),
바즈라 파니;금강수(金剛手), 구흐야;밀적천, 나찰,
카디파티;아디파티로 주(主) 또는 왕을 말한다.
크르탐;행하는, 체다 야미;끊어 버리다, 라크사;보호하다,
맘;나를, 바가반;세존, 이탐;이와 같이, 마마스야;나의

묶어버리겠노라!
금강수신(金剛手神) 금강수(金剛手)의 밀적천(密跡天)의 주(主)가
행한 주문을 끊어버리겠노라! 묶어버리겠노라!
나를 보호하소서! 나를 보호하소서!
세존이시여!
이와 같이 연통하는 이 나에 대하여.

기라야미 발절라파니 발절라파니 구혜야
가디바디 그리담비디야 친다야미
기라야미 라차라차망 박가범 인토나마마나샤

4회 강장절섭회(剛藏折攝會)

भगवन् तथागतेषनिष सिततपत्र नमे स्तुते

bagavan tathāgatosnisa sitatapatra namo stute

असित नर्लक प्रभा स्फुत

asita nalarka prabhā sphuta

바가반 타타가토스니사 시타타파트라 나모 스투테
아시타 나라르카 프라바 스푸타

바가반;성스러운,

타타가토스니사;여래불정(如來佛頂),

시타;흰 타, 파트라;양산,

나모;귀의하다,

스투테;그대를, 아시타;머무는,

나라르카;적당한 단어가 없음 불빛처럼,

프라바스푸타;빛나는,

성스러운 여래불정(如來佛頂)이이여,
흰 양산(白傘蓋) 아래에 계신 그대를 경배하며 귀의합니다.
불빛과 같이 빛나는

박가범살다타게도오스니사 시다다바다라 나무수도뎨
아시다나라라가 바라바비살보타

विका सिततपत्रे ज्वल ज्वल धक धक विधक विधक

vikā sitatapatre jvala jvala dhaka dhaka vidhaka vidhaka

दल दल विदल विदल छेद छेद हुं हुं फट्

dala dala vidala vidala cheda cheda hūm hūm phat

비카 시타타파트레 즈바라 즈바라 다카 다카 비다카 비다카
다라 다라 비다라 비다라 체다 체다 훔 훔 파트

비카 시타타;활짝 핀,
파트레;흰양산 아래계시는 여신,
즈바라;빛나는,
다카;부숴지는,
비다카;파열되는,
체다;절단되는,
훔 훔 파트;주문

활짝 핀 흰 양산아래 계신 여신이시여,
빛나는 빛나는
부숴지는 부숴지는
파열되는 파열되는
절단되는 절단되는

즈발라 즈발라 다라 다라 비드라 비드라
친다 친다 훔 훔 파트
비가시다다 바디리 지바라지바라 다라다라 빈다라빈다라
친다친다 훔 훔 반반반

फट् फट् फट् फट् स्वाहा हेहे फट् अमेगाय फट्
phat phat phat phat svāhā hehe phat amoghāya phat
अप्रतिहता फट् वर प्रदा फट् असुर विदारक फट्
apratihatā phat vara pradā phat asura vidrārka phat

파트 파트 파트 파트 스바하 헤헤 파트 아모가야 파트
아프라티하타 파트 바라 프라다 파트 아수라 비다라카 파트

파트 파트 파트 파트;주문

스바하;축복하소서, 영원하소서의 기도문,

헤헤 파트;주문,

아모가야;불공(不空),

파트;주문,

아프라티하타;무애자(無碍者),

바라;선물, 프라다;부여하는,

아수라;악마,

비다라카;제거하는, 물리치는,

파트 파트 파트 파트
스바하 기원합니다!
헤 헤 파트, 불공자(不空者)의 주문,
무애자(無碍者)의 주문,
은혜를 베푸는 이의 주문,
아수라(惡魔)를 물리치는 자의 주문

반다 반다 사바하 혜혜반 아무가야반
아바라디하다반 바라바라다반 아소라비다라바가반

सर्व देवेब्यः फत् सर्व नागेव्यः फत् सर्व
यक्सेव्यः फत्

sarva dehevebhyah phat sarva nāgebhyah phat sarva
yaksebhyah phat

सर्व गन्धर्वेव्यः फत् सर्व असुरेब्यः फद् फत्
असुरेब्यः फत्

sarva gandharvebhyah phat sarva asurebya phat kata
asurebya phat

사르바 데베브야흐 파트 사르바 나게브야흐 파트 사르바
야크세브야흐 파트
사르바 간다르베브야흐 파트 사르바 아수레브야 파트 카타
아수레브야 파트

사르바;전체, 데베브야흐;신들,
파트;주문, 나게브야흐;나가, 용신(龍神)들,
야크세브야흐;야차신들,
간다르베브야흐;음악신, 금시조(金翅鳥), 건달바(乾達婆),
아수레브야;아수라들, 카타;얼마나

일체 천신들의 주문, 일체 용신(龍神)들의 주문,
일체 야차신들의 주문, 일체 음악신들의 주문,
일체 아수라들의 주문, 아수라들의 주문

살바데삐뱌반 살바나나가뱌반 살바야차뱌반
살바건달바뱌반 살바아소라뱌반

सर्व गरुदेव्यः फत् सर्व किन्नरेव्यः फत् सर्व महेरगेव्यः फत्

sarva garuḍevyah phat sarva kinrebyah phat sarva mahoragebyah phat

सर्व रक्षेव्यः फत् सर्व मनुषेव्यः फत् सर्व अमनुषेव्यः फत्

sarva raksebyah phat sarva manusebyah phat sarva amanusebyah phat

사르바 가루데브야흐 파트 사르바 킨레브야흐 파트 사르바 마호라게브야흐 파트
사르바 라크세브야흐 파트 사르바 마누세브야흐 파트 사르바 아마누세브야흐 파트

사르바;일체, 가르데브야흐;금시조(金翅鳥),
파트;주문, 나레브랴흐;긴나라 신들,
마호라게브야흐;지옥의 뱀이름,
라크세브야흐;나찰신(羅刹神), 악마들,
마누세브야흐;인간들,
아마누세브야흐;비인간(非人間), 귀신,

일체 금시조들의 주문, 일체 긴나라 신들의 주문,
일체 마후라카 신들의 주문, 일체 나찰신들의 주문,
일체 인간들의 주문, 일체 비인간(非人間)들의 주문

살바게로다뱌반 살바긴나라뱌반 바마호라가뱌반
살바라찰사뱌반 살바마노쇄뱌반 살바아마노쇄뱌반

सर्व भुतेव्यः फत् सर्व पिशाचेव्यः फत्
सर्व कम्भाण्डः व्यः फत्

sarva bhūtebhyaḥ phat sarva piśācebhyaḥ phat sarva kumbhaṇḍ bhyaḥ phat

सर्व दुर्लखैंहितेव्य फद् सर्व दुस्प्रक्सितेव्यः फत्

sarva durlanghitebhyah phat sarva duspreksitebhyah phat

सर्व ज्वरे भब्यः फद् सर्व अपस्मारेब्यः फत्

sarva jvare bhyah phat sarva apasmārebhyah phat

사르바 부테브야흐 파트 사르바 피사체브야흐 파트
사르바 쿰반데브야흐 파트
사르바 두르랑기테브야흐 파트 사르바 두스프레크시테브야흐 파트
사르바 즈바레 브야흐 파트 사르바 아파스마레브야흐 파트

사르바;일체, 부테브야흐;정령(精靈), 귀신, 파트;주문,
피사체브야흐;유령, 쿰반데브야흐;알에 있는 귀신,
두르랑가나;넘어가는, 두스타;죄,
프레크시테브야흐;주시하는, 즈바레 브야흐;열병,
아파스마레브야흐;빙의(憑衣), 의식상실,

일체 정령(精靈)들의 주문, 일체 귀신들의 주문,
일체 알에 숨어 있는 귀신들의 주문,
재난을 일으키는 일체 신들의 주문,
일체 열병귀들의 주문, 일체 양두여고귀(洋頭女孤鬼)들의 주문,

살바부단나뱌반 살바가타부단나뱌반 살바도란기뎨뱌반
살바도스타피리그시뎨뱌반 살바지바리뱌반 살바아파살마리뱌반

सर्व स्त्रमनेब्यः फत सर्व तीर्थिकेभयः फत्

sarva śramanebhyah phat sarva tīrthikebhah phat

सर्व उन्मत्तकेब्यः फत् सर्व विद्याराजचार्ये

भयः फत्

sarva unmattakebhyah phat sarva vidyārājacārye
bhyah phat

사르바 스라마네브야흐 파트 사르바 티르티케브야흐 파트
사르바 운마따케브야흐 파트 사르바 비드야라자차르예
브야흐 파트

사르바;일체,
스라마에브야흐;고행자(苦行者),
파트;주문,
티르티케브야흐;외도사(外道士),
운마따케브야흐;광란,
비드야;밝은(明),
라자차르예브야흐;왕의,

일체 고행자(苦行者)들의 주문,
일체 외도사(外道士)들의 주문,
일체 광란귀(狂亂鬼)들의 주문,
일체 명주(明呪)를 지닌 이들의 주문

살바사라바나바반 살바디리티계바반
살붇다바뎨바반 살바비디야라서차리바반

जय कर मदु कर सर्वर्च सधकेयः फत्

jaya kara madhu kara sarvartha sadhakebhyah phat

विद्यचार्येब्यः फत् चर्तु भँगिनिाभ्य फत्

vidyacāryebhyah phat catur bhaginibhyah phat

वज्र कुमारिव्यः फत् वज्र कुरन्दरिव्यः फत्

vajra kumāribhyah phat vajra kurandaribhyah phat

자야 카라 마두 카라 사르바르타 사다케브야흐 파트
비드야차르예브야흐 파트 차투르 바기니브야흐 파트
바즈라 쿠마리브야흐 파트 바즈라 쿠란다리브야흐 파트

자야;승리, 카라;~하는, 마두;달콤한,
사르바;일체, 아르타;재산, 의무,
사다케브야흐;결실있는, 수련하는,
비드야;밝은, 학문, 차라;행동하는, 차투르;4,
바기니브야흐;자매, 바즈라;금강, 쿠마리브야흐;처녀,
쿠란다리브야흐;어린 여자 아이들, 시녀들,

승리한 이 꿀을 만드는 이들,
모든 이익을 성취하고자 하는 이들의 주문,
명주를 행하는 이들의 주문,
네자매여신(四姉妹女神)들의 주문,
금강동여신(金剛童女神)들의 주문, 그 시녀들의 주문

사야가라마도가라 살바라타사다계뱌반
비디야차리예뱌반 쟈도라남바기니뱌반 바절라구마리가뱌반

विद्या राजेब्यः फत् महा प्रत्यन्गिरेयः फत्
vidyā rājebhyah phat mahā pratyangirebhyah phat
वज्र शंकलाय फत् प्रत्यन्गिर राजाय फत्
vajra śamkalāya phat pratyangira rājāya phat

비드야 라제브야흐 파트 마하 프라트얀기레브야흐 파트
바즈라 삼카라야 파트 프라트얀기라 라자야 파트

비드야;학문, 밝음,
라제브야흐;왕,
파트;주문, 마하;큰,
프라트얀기레브야흐;베다 경전에 나오는 안기라스 성자,
바즈라;금강,
삼카라야;쇄(鎖),
프라트얀기라;안기라스 성자,
라자;왕,

명주여왕신(明呪女王神)의 주문,
대조복자(大調伏者)의 주문,
금강쇄(金剛鎖)의 주문,
조복왕(調伏王)의 주문

비디야라사바반 마하바라등기리바반
바절라샤가라야반 바라등기라라사야반

महा कालाय महा मात्र् गण नमस् करताय फत्

mahā kālāya mahā mātr gaṇa namas krtāya phat

इन्द्राय फत् विष्णुवियि फत वरकिये फत्

indrāya phat visnuvīye phat varakiye phat

विष्णुवियि फत् ब्रह्मानिाये फत् वरकिये फत् अगनिाये फत्

viṣñuvīye phat brahmāṇīye phat varakiye phat agnīye phat

마하 칼라야 마하 마트르 가나 파트 나마스 크르타야 파트
인드라야 파트 비스누비예 파트 바라키예 파트
비스누비예 파트 브라흐마니예 파트 바라키예 파트 아그니예 파트

마하;큰, 칼라;검은, 파트;주문,
마트르;마트리카는 어머니, 가나;군중,
나마스;귀의하다, 크르타야;행위하다,
인드라야;제석천(帝釋天), 비의 신,
비스누비예;비쉬누 신, 유지의 신,
브라흐마;브라흐마 신, 창조의신,
바라카;행하다, 일으키다, 아그니예;불의 신,

대흑천신의 주문,
그의 대신비(大神妃)들의 주문,
정례 귀의하는 이들의 주문, 비의 신,
유지의 신, 비쉬누 신의 주문,
브라흐마 신의 주문, 불의 신의 주문

마하가라야반 마하마다리가나야반 나무색가리다야반
비시나비예반 바라훔마니예반 아기니예반

महा कालाय फत् काल दन्दाय फद् इन्द्राय फत्
mahā kālāya phat kāla dandāya phat indraya phat
चामुन्दाये फत् रौद्र फत् कलरातरिाये फत्
cāmundāye phat raudrye phat kalarātrīye phat

마하 칼라야 파트 칼라 단다야 파트 인드라야 파트
차문다예 파트 라우드라예 파트 칼라라트리예 파트

마하;큰,

칼라야;검은,

파트;주문,

칼라;죽음의 신, 검은,

단다야;형벌,

인드라야;인드라 신, 비의 신,

차문다예;차문다 신,

라우드라예;루드라 신, 시바신의 다른 이름,

라트리예;밤,

대흑색녀신들의 주문,
죽음의 신의 주문,
인드라 신의 주문,
차문다 신의 주문,
루드라 신의 주문,
밤의 신의 주문,

마하가리예반 가라단특예반 예니리예반 차문디예반
로다리예반 가라다리예반

कापालिये फत् अधि मुक्तिताक स्मासान वासिनिाये फत्

kāpāliye phat ādhi muktitāka smasāna vāsinīye phat

येकेचिछ सत्त्वाहस्य मम इत्तं ममस्य

yekecid sattvāhsya mama ittam mamaśya

카파리예 파트 아디 무크티타카 스마사나 바시니예 파트
예케치드 사뜨바흐스예 마마 이땀 마마스야

카파리예;두개골, 해골,

파트;주문,

아디;위,

무크티타카;해탈, 자유,

스마사나;묘지, 화장장,

바시니예;머무는,

예케치트;누구든지,

사뜨바흐스예;본질, 생명,

마마;~인, 이땀;이와 같이,

마마스야;그런것 같이

해골을 가진 신의 주문,
아디무크타 묘지에 살고 있는 여신들의 주문,
이들의 어떠한 주문이라도 파괴시킬수 있는
진정한 나를 위하여 보호해주소서!

가파리예반 아디목지다가시마나샤나바시니예반
예계쟈나살다살다바

5회 문수홍전회(文殊弘傳會)

पाप चित्ताः दुष्ट चित्ताः रौद्र चित्ताः पाप
चित्ताः विद्वेश
चित्ताः अमैत्र चित्ताः उत्पाद् यन्ति किल यन्ति मन्त्र
यन्ति जपन्ति जे हन्ति ओजाहारः गर्भाहारः

pāpa cittāh dusṭa cittāh raudra cittāh papa cittāh
vidveaśa
cittāh amaitra cittāh utpāda yanti kīla yanti mantra
yanti japanti johanti ojāhārah garbhāhārah

रुधिराहारः मेद्हारः मांसाहारः वसाहारः मज्जाहरः

जाताहारः

rūdhirāhārah medahārah māmsāhārah vasahārah majjhārah
jātāhārah

파파 치타흐 두스타 치타흐 라우드라 치타흐 파파
치타흐 비드베사
치타흐 아마이트라 치타흐 우트파다 얀티 킬라 얀티 만트라 얀티
자판티 조한티 오자하라흐 가르바하라흐
루디라하라흐 메다하라흐 맘사하라흐 바사하라흐 마짜하라흐
자타하라흐

파파:죄악(罪惡), 두스타;악(惡),

치타흐;마음, 사고(思考),

라우드라;루드라, 흉폭한,

비드베사;증오하는,

아마이트라;자비하지 않은,

우트파다 얀티;환영(幻影), 환상,

킬라 얀티;사로 잡힌

만트라얀티;주문에 빠져있는, 행하다,

자판티;암송하다,

조한티;탄성을 지르다,

오자스;생기(生氣),

가르바하라흐;자궁, 태아,

루디라하라흐;피,

메다;육즙(肉汁),

아하라흐;음식,

맘사;고기(肉),

바사;고기, 지방(脂肪),

마짜;마짠, 뼈, 골수(骨髓),

자타;태어남, 자식,

악한 마음을 가진 귀신,
흉폭한 마음이 있는 귀신,
죄를 짓는 마음, 증오하는 마음, 자비심이 없는 마음,
환상에 사로잡힌, 주문에 빠져있는,생기를 먹는 귀신,
태아를 먹는 귀신, 피를 먹는 귀신,
육즙(肉汁)을 먹는 귀신, 고기를 먹는 귀신,
뼈를 먹는 귀신, 아이를 먹는 귀신

도시다짇다 로지라짇다 오사하라 가바하라
로디라하라 망사하라 마두하라 두다하라

जिविताहारः बल्याहारः माल्याहारः
गन्धाहारः पुस्पाहारः

jīvitāhārah balyāhārah mālyāhārah
gandhāhārah puspāhārah

फलाहारः सस्याहाराः पाप चित्ताः दुस्त चित्ताः

phalāhārah sasyāhārah pāpa cittāh dusta cittāh

지비타하라흐 발야하라흐 말야하라흐 간다하라흐 푸스파하라흐
파라하라흐 사스야하라흐 파파 치타흐 두스타 치타흐

지비타;생명,

발야;원기(元氣),

아하라흐;음식,

말야;화환, 간다;향기,

푸스파;꽃,

파라;과일, 과실(果實),

사스야;곡물, 파파;죄악,

치타흐;마음, 두스타;악한,

수명을 먹는 귀신,
원기(元氣)를 먹는 귀신,
향기를 먹는 귀신, 꽃을 먹는 귀신,
과일을 먹는 귀신, 곡물을 먹는 귀신,
죄악심, 악심(惡心)

시비다하라 바랴야하라 간다하라 포시파하라 파라하라 사샤하라
파파진다도시다진다

रउद्र चित्ताः दे व ग्रहाः नाग ग्रहाः यक्ष ग्रहाः
राक्षस ग्रहाः आसुर ग्रहाः गरुड ग्रहाः किन्दर ग्रहाः
महोर ग्रहाः

raudra cittāh deva grahāh nāga grahāh yaṣka grahāh
rāksasa grahāh asura grahāh garuda grahāh kindara grahāh
mahora grahāh

प्रेत ग्रहाः पिसच ग्रहाःभुात ग्रहाः

preta grahāh piśaca grahāh bhūta grahāh

라우드라 치타흐 데바 그라하흐 나가 그라하흐 야크사 그라하흐
라크사사 그라하흐 아수라 그라하흐 가루다 그라하흐 킨다라 그라하흐
마호라 그라하흐
프레타 그라하흐 피사차 그라하흐 부타 그라하흐

라우드라;흉폭한, 치따흐;마음,
데바;천신(天神), 그라하흐;재난, 나가;용(龍), 뱀,
야크사;야차귀(夜叉鬼), 요괴,
라크사사;나찰귀(羅刹鬼), 프레타;아귀(餓鬼),
피사차;죽은고기, 부타;정령귀신(精靈鬼神)

흉폭한 마음이 있는 이들, 천신(天神)들의 재난,
용(龍)들의 재난, 분노 등이 있는 야차귀신들의 재난,
나찰귀들의 재난, 아귀의 재난,
죽은 고기를 먹는 귀신의 재난, 정령귀신들의 재난

로다라짇다 다라짇다야차가라하 라찰사가라하남
폐례다가라하비샤차가라하 부다가라하

कुंभणाड ग्रहाः स्कन्द् ग्रहाः उन्माद् ग्रहाः
kumbhāṇḍa grahāh skanda grahāh unmāda grahāh
छाया ग्रहाः अप स्मार ग्रहाः दाक दीकनि ग्रहाः
chāyā grahāh apa smāra grahāh dāka dākinī grahāh

쿰반다 그라하흐 스칸다 그라하흐 운마다 그라하흐
차야 그라하흐 아파 스마라 그라하흐 다카 다키니 그라하흐

쿰반다;병(瓶), 귀신의 종류,
그라하흐;재난,
스칸다;이린이 병마,
운마다;광기(狂氣),
차야;영(影), 음(陰),
아파 스마라;의식의 상실, 빙의(憑衣),
다카;귀신의 종류,
다키니;인육을 먹는 귀신,

수궁부녀귀(水宮婦女鬼)의 재난,
소아병아귀의 재난,
광병마(狂病魔)의 재난,
영귀(影鬼)들의 재난,
양두여고귀(羊頭女孤鬼)의 재난,
압고여귀(壓蠱女鬼)의 재난,

구반다가라하 색간타가라하 오다마타가라하
차야가라하 아파사마라가라하 타가다기니가라하

रेवति ग्रहाः जमिक ग्रहाः शकुनि ग्रहाः
revatī grahāḥ jamika grahāḥ śakuni grahāḥ
मन्त्र नन्दिक ग्रहाः आलम्बा ग्रहाः हनु कन्थपानि ग्रहाः
mantra nandika grahāḥ ālambā grahāḥ hanu kanthapāni grahāḥ

레바티 그라하흐 자미카 그라하흐 사쿠니 그라하흐
만트라 난디카 그라하흐 아람바 그라하흐 하누 칸타파니 그라하흐

레바티;여매(女魅),
그라하흐;재난,
자미카;독수리 모양의 귀신,
사쿠니;말모양의 귀신,
만트라;주문, 기도, 베다 경전의 찬가,
난디카;기쁜(喜),
아람바;뱀 모양의 , 모든 수족,
하누;아가미, 턱, 칸타;목, 목구멍,
파니;손,

여매(女魅)의 재난,
독수리 모양의 귀신의 재난,
말 모양의 귀신의 재난,
주희귀(呪喜鬼)의 재난,
뱀 모양의 귀신의 재난,
닭 모양의 귀신의 재난

리파디가라하 사미가가라하 사구니가라하 만다라난디가가라하
아람바가라하 하노간도파니가라하

ज्वरा एक हिक्का द्वइ५त यका त्रइतियका चार्तुयका ज्वरा

jvarā eka hikkā dvaitī yakā traitīyakā
cāturthakā jvarā

नित्य ज्वरा विसम ज्वर वातिका पइत्तिका

nitya jvarā visama jvarā vātika paittikā

즈바라 에카 히까 드바이티 야카 트라이티야카
차투르타카 즈바라
니트야 즈바라 비사마 즈바라 바티카 파이띠카

즈바라;열,
에카 히카;하루째 열병(熱病),
드바이티 야카;이틀째 발열하는,
트라이티야카;사흘째 발열하는,
차투르타카;나흘째 발열,
니트야;계속되는, 항구적인,
비사마;위험한, 불규칙한,
바티카;풍(風)으로 생긴,
파니띠카;황달(黃疸), 담즙질

열의 학질귀신의 하루째 발열, 이틀째 발열,
사흘째 발열, 나흘째 발열, 계속되는 학질열,
의식불명의 높은 발열, 풍병(風病), 황달병

지바라 예가 혜가 덕폐디가 데리데야가절돌리타가
니디야시바라 비사마지바라 바디가배디가

श्लेस्मिका संनिपातिका सर्व ज्वरा शिरोर्ति

ślesmika samnipātikā sarva jvarā śirorti

अर्ध अव बाधका अक्षि रोगः मूक रोगः ह्रद रोगः

ardha ava bādhakā akṣi rogah mukha rogah hṛda rogah

스레스미카 삼니파티카 사르바 즈바라 시로르티
아르다 아바 바다카 악시 로가흐 무카 로가흐 흐르다 로가흐

스레스미카;담(痰),

삼니파티카;이질, 복잡하게 얽힌,

사르바;모든,

즈바라;열병,

시로;머리(頭),

아르티;고통,

아르다;반(半),

아바;아래의, 바다카;통증,

악시;눈, 무카;입,

흐르다;심장,

로가흐;질병

염창병, 이질병,
모든 열병, 두통,
하반신 통증, 눈병,
입병, 심장병

시례시미가 사니파디가 살바지바라 시로가라디
아라다바데 아기사로검 목거로검 가리도로검

गल शुलं कर्ण शुलं

gala śūlam karṇa śūlam

दन्त शुलं हृदय शुलं

danta śūlam hṛdaya śūlam

갈라 수람 카르나 수람
단타 수람 흐르다야 수람

갈라;목, 인후(咽喉),

수람;통증,

카르나;귀,

단타;이빨,

흐리다야;심장, 가슴,

인후병, 귀의 통증,
이빨의 통증, 심장의 통증

갈라하슈람 갈나슈람
단다슈람 히나타야슈람

मर्म शुलं पार्श्व शुलं पृष्ठ शुल

marma śūlam pārśva śūlam pṛṣṭha śūlam

उदर शुलं कटी शुल वस्ति शुलं

udara śūlam kaṭi śūlam vasti śūlam

마르마 수람 파르스바 수람 프르스타 수람
우다라 수람 카티 수람 바스티 수람

마르마;관절,

수람;통증,

파르스바;늑막,

프르스타;척추,

우다라;배(腹),

카티;허리,

바스티;방광,

관절의 통증, 뼈의 통증, 척추의 통증,
배의 통증, 요통, 방광의 통증

말마슈람 파라시바슈람 배리시다슈람
오타라슈람 전지슈람 바시데슈람

उरु शुाल जङ्ग शुालं हस्त शुालं पद शुालं

ūru śūlam janghā śūlam hasta śūlam pada śūlam

सर्वाङ्ग प्रत्यङ्ग सुालं भुात वेताद

sarvaṅga pratyanga śūlam bhūta vetāda

우루 수람 장가 수람 하스타 수람 파다 수람
사르방가 프라트양가 수람 부타 베타다

우루;대퇴부,

수람;통증,

장가;다리,

하스타;손,

파다;발,

사르방가;모든,

프라트양가;신체의 부분, 지(肢),

부타;정령(精靈), 피조물,

베타다;귀신

대퇴부의 통증, 다리의 통증,
손의 통증, 발의 통증,
각관절의 통증, 정령귀, 기시귀(起屍鬼),

오로슈람 샹가슈람 하살다슈람
파다슈람 알가바라등슈람 부다볘달다

दाकिनि जिवल दर्दु कण्डु किटिभ लुता

dākinī jīvala daduru kaṇḍu kiṭibha lūtā

वैसंपा लेह लिङ्गः सुास त्रसान कर विस यक

vaisarpā loha lingah śūsa trāsana kara visa yaka

다키니 지바라 다두루 칸두 키티바 루타
바이사르파 로하 링가흐 수사 트라사나 카라 비사 야카

다키니;인육을 먹는 귀녀(鬼女),

지바라;열,

다두르;피부발진,

칸두;창(瘡),

키티바;이(虱), 루타;곤충,

바이사르파;질병의 고통,

로하;혈액, 링가흐;증상,

수사;기력,

투라사나;무서운,

카라;만드는, 비사;독물,

야카;그러한

압고여귀(壓蠱女鬼)에 의한, 발열, 피부발진,
거미나 곤충에 의한,
계속퍼지는 염증, 음식 독에 의한 병

다기니 지바라도로건뉴 기디바로다
비살라파로하링가 슈사다라사나가라비사유가

अग्र उदक मारा विार कान्तार

agni udaka māra vīra kāntāra

अकाल मृत्यु त्रयंबुक त्रइलात वृश्चिक

akāla mṛtyu tryambuka trailāta vrścika

아그니 우다카 마라 비라 칸타라
아카라 므르트유 트르야부카 트라이라타 브르치카

아그니;불,

우다카;물,

마라;짐승모습의 신,

비라;용맹한,

칸타라;숲속의

아카라;갑자기,

므르트유;죽음,

트르야부카;날아다니는 동물,

트라이라타;말벌,

브르치카;전갈

불의 신, 물의 신,
용맹스런 짐승모습의 신,
불시에 죽음을 가져오는, 날아 다니는 동물, 말벌, 전갈

아기니오다가마라볘라건다라
아가라미리주 다려부가디리라타비시진가

सर्प नाकुल सिंह व्याग्झर्रक्स तरक्स चमर
sarpa nakula simha vyāghrarksa taraksa camara
जिवस् तेषा सर्वेसां सिततपत्रा
jīvas teṣāṁ sarvesām sitatapatrā

사르파 나쿠라 심하 브야그흐르라르크사 타라크사 차마라
지바스 테삼 사르베삼 시타타파트라

사르파;뱀,
나쿠라;족제비,
심하;사자,
브야그흐라;호랑이,
라크사;곰,
트라크사;늑대,
차마라;야크 소,
지바스;존재하는,
테삼;그들의,
사르베삼;전체의,
시타타파트라;흰 양산

뱀, 족제비, 사자, 호랑이,
곰, 늑대, 야크 소 등
일체의 재난들을 하얀 양산아래에

살라바 나구라 싱가 야가라 달기차 다라걸차말라시바데삼
살비삼살비삼 시다다발다라

महा वज्रे ष्णिसांमहा प्रत्यङ्गगिरां

mahā vajro snīsām mahā pratyangirām

यावत् द्वा दाश येजन भ्यन्तरेन विद्या बन्धं करेमि

yāvat dvā daśa yojana bhyantarena vidyā bandham karomi

마하 바즈로 스니삼 마하 프라트얀기람
야바트 드바 다사 요자나 브얀타레나 비드야 반담 카로미

마하;큰,
바즈로;금강,
스니삼;불정(佛頂),
프라트얀기람;신성으로,
야바트;그럼에도,
드바 다사;12유순(고대 인도의 단위이며 대유순은 80리,
중유순은 60리, 소유순은 40리 이다)
요자나;길, 단계,
비드야;주문,
반담;묶다,
카로미;행하다

대금강의 불정(佛頂)으로서 크게 조복시키고 물리친다.
12유순(由旬) 안에 내면으로 행한 그 주문을 나는 묶어 놓을 것이다!

마하바절로 스니삼마하바라등기람
아바다다샤유사나 변다례나비디야반타가로미

सिंम बन्धं करोमि दिश बन्धं करोमि पर विद्या बन्धं करोमि

sīmā bandham karomi diśa bandham karomi para vidyā bandham karomi

तेजे बन्धं करोमि हस्त बन्धं करोमि पद बन्धं करोमि सर्वङ्ग बन्धं करोमि तद्यथा ॐ अनले विशदे विार वज्र धरे

tejo bandham karomi hasta bandham karomi pada bandham karomi sarvānga pratyunga bandham karomi tadyathā om anale viśade vīra vajra dhare

बन्ध बन्धनि वज्रा पनि फट् हुं हुं फट् स्वाहा

bandha bandhani vajrā pani phat hūm trūm phat svāhā

심마 반담 카로미 디사 반담 카로미 파라 비드야 반담 카로미
테조 반담 카로미 하스타 반담 카로미 파다 반담
카로미 사르방가 프라트융가 반담 카로미 타드야타
옴 아나레 비사데 비라 바즈라 다레
반다 반다니 바즈라 파니 파트 훔 트룸 파트 스바하

심마;경계, 반담;묶다,

디사;방향, 카로미;행하다,

파라;넘어서는,

비드야;명주,

테조;연결, 하스타;손,

파다;발, 사르방가;전체,

프라트융가;몸, 옴;옴 진언,

바즈라;금강, 반다;묶다

빛나는 광희로서 그것을 나는 묶어놓을 것이다!
다른 이의 명주들을 나는 묶어 놓을 것이다!
그러므로 이와 같이 염송 할지니라!
옴 아나레 비사다 비라 바즈라 아리반타 비다니!
옴 광명, 광취이신 용감한 금강저(金剛杵)로서 적들을 묶어놓고 분리시켜 주소서!
금강수(金剛手)의 주문으로써 훔 트룸 스바하!
존경하는 주문으로 적들을 파패(破敗)시켜주소서!
옴 비루다카 스바하! 방해하는 이들을 물리쳐 주소서!

뎨슈반타가로미 파라비디야반타가로미 다디타
옴 아나레비샤뎨 비라 바절라 아리반타 비타니 바절라파니반
훔 도로움
사바하 옴 비로데 사바하 하스타 수람 파다 수람

नमे सततागताय सुगताय अर्हते संम्यक् संबुद्धाय
सिद्धयंतु मन्त्रपद् स्वाहा

namo satathāgatāya sugatāyarhate samyaksambuddhāya
siddhyamtu mantrapadā svāhā

나모 사타타가타야 수가타야르하테 삼약삼부따야
시뜨얌투 만트라파다 스바하

나모;귀의하다,

타타가타;여래,

수가타;잘되고 있다,

아르하테;아라한(應供)

삼약삼부따야;깨달은 이, 등정각자(等正覺者),

시뜨야;경이로운, 성취의,

만트라파다;진언(眞言)

지극하신 여래와 아라한(應供)이신 등정각자(等正覺者)와
경이로운 진언에 귀의합니다.

나무살다타소가다야 아라하데삼먁삼붇다야 시따야토 사바하

제3장

능엄주 진언 암송

능엄주진언 암송

नमाहः तधागते शनिसं सितात पत्रं अपराजितं प्रत्यङ्गिरं धारणि

namaḥ tathagato ṣīnsāṁ sitāta patram aparājitam
pratyangiraṁ dhāraṇī
나마흐 타타가토 스니삼 시타타 파트람 아파라지탐
프라트양기람 다라니

1회 비로진법회(毘盧眞法會)

नमाहः र्सव सततसुगताय अर्हते सम्यक् संबुद्धस्य

namaḥ sarva satatasugatāya arhate samyak saṁbuddhsya
나마흐 사르바 사타타수가타야 아르하테 삼약 삼부따스야

नमाहः र्सव सततबुद्ध केतिास्निसम् नमहः र्सवबुद्ध

namaḥ sarva satatabuddha koṭīṣṇīṣaṁ namaḥ sarvabuddha
나마흐 사르바 사타타부따 코티스니삼 나마흐 사르바부따

बेधीसत्त्वेयः नमहः सप्तानां सम्यक्संबुद्धकेतिानाम्

bodhisattvebhyaḥ namaḥ saptānāṁ samyaksaṁbuddhakotīnāṁ
보디사뜨베브야흐 나마흐 사프타남 삼야크삼부따코티남

सस्त्रवकसंघानं नमे लोकेअरातनां

saśravakasaṁghānāṁ namo lokearātanāṁ

사스라바카삼가남 나모 로케아라타남

नमहः स्रेतपून्नानां नमहः सक्रदागामीनां

namaḥ srotâpannānāṁ namaḥ sakṛdāgāmiñaṁ

나마흐 스로타판나남 나마흐 사크르다가미남

नामे अनागामिनां

namo anāgāminām

나모 아나가미남

नामे लेके संट्टानां सम्यक्प्रतीपनानां

namo loke saṁghānāṁ samyakpratipannānāṁ

나모 로케 삼가남 삼약프라티판나남

नमे देवर्सिनां नमहः सीद्धय विद्य धरर्सिानां

namo devarṣīnāṁ namaḥ siddhaya vidya dhararṣīnaṁ

나모 데바르시남 나마흐 시따야 비드야 다라르시남

शापनुग्रह सहस्त्र मर्थनाम नमे ब्रह्मने
śāpânugraha sahasra marthanām namo brahmane
사파누그라하 사하스라 마르타남 나모 브라흐마네

नमे इन्द्राय नमे भगवते रुद्राय
namo indrāya namo bhagavate rudrāya
나모 인드라야 나모 바가바테 루드라야

उमापती सहीयाय नमे भगवते नारायनाय
umāpati sahiyāya namo bhagavate nārāyanāya
우마파티 사히야야 나모 바가바테 나라야나야

पञ्च महा समुद्र नमसृत्नाय
pañca mahā samudra namaskṛtāya
판차 마하 사무드라 나마스크르타야

नमे भगवते महा कालाय
namo bhagavate mahā kālāya
나모 바가바테 마하 카라야

त्रिपुरा नगर वीद्रावन काराय अधिमुक्ती क्षमाशान नीवासीने

tripurā nagara vidrāvaṇa kārāya adhimukti śmāśāna nivāsine

트리푸라 나가라 비드라바나 카라야 아디묵티 스마사나 니바시네

मातृ गनां नमस् क्रताय नमे भगवते तथागत कुलाय

mātṛ gaṇāṁ namas kṛtāya namo bhagavate tathāgata kulāya

마트르 가남 나마스 크르타야 나모 바가바테 타타가타 쿠라야

नमे भगवते पद्म कुलाय नमे भगवते वज्र कुलाय

namo bhagavate adma kulāya namo bhagavate vajra kulāya

나모 바가바테 파드마 쿠라야 나모 바가바테 바즈라 쿠라야

नमे भगवते मनि कुलाय नमे भगवते गज कुलाय

namo bhagavate mani kulāya namo bhagavate gaja kulāya

나모 바가바테 마니 쿠라야 나모 바가바테 가자 쿠라야

नमे भगवते छंध शुर सेना प्रहरन राजाय तधागताय अंहते संम्यक् संबुद्धाय

namo bhagavate dṛḍa śura senā praharana rājāya tathāgatāya arhate samyak sambuddhāya

나모 바가바테 드르다 수라 세나 프라하라나 라자야 타타가타야 아르하테 삼약 삼부따야

नमो भगवते नमो अमिताभाय तथागताय

namo bhagavate namo amitābhābhāya tathāgatāya

나모 바가바테 나모 아미타바야 타타가타야

अर्हते संम्यक् संबुद्धाय नमो भगवते अक्सोभय तथागताय

arhate samyak sambuddhāya namo bhagavate akṣobhya tathāgatāya

아르하테 삼약 삼부따야 나모 바가바테 아크소브야 타타가타야

अर्हते संम्यक् संबुद्धाय

arhate samyak sambuddhāya

아르하테 삼약 삼부따야

नमो भगवते भैसज्य गुरु वैदुर्य प्रभा राजाय
तथागताय अर्हते संम्यक् संबुद्धाय

namo bhagavate bhaisajya guru vaiḍūrya prabhā rājāya tathāgatāya arhate samyak sambuddhāya

나모 바가바테 바이사즈야 구루 바이두라야 프라바 라자야 타타가타야 아르하테 삼약 삼부따야

नमे भगवते सम्पुस्पिता सालेन्द्र राजाय

namo bhagavate sampuspītā sālendra rājāya

나모 바가바테 삼푸스피타 살렌드라 라자야

तथागताय अर्हते संख्र संपुस्पिता नमे भगवते

tathāgatāya arhate samyak sambuddhāya namo bhagavate

타타가타야 아르하테 삼약 삼부따야 나모 바가바테

शाक्य मुनिये तधागताय अर्हते संबुद्धाय

śākya muniye tathāgāgatāya arhate samyak sambuddhāya

사크야 무니예 타타가타야 아르하테 삼약 삼부따야

नमे भगवते रत्न कुसुम केतु राजाय तथागथाय

namo bhagavate ratna kusuma ketu rājāya tathāgatāya

나모 바가바테 라트나 쿠수마 케투 라자야 타타가타야

अर्हते संम्यक् संबुद्धाय तेभये तेसं

arhate samyak sambuddhāya tebhyo tesam

아르하테 삼약 삼부따야 테브흐요 테삼

नमस् क्त एतद् इमं भगवत स तथागतेस्निसम् सिततपत्रम्

namas kṛta etad imam bhagavata sa tathāgatoṣṇīṣaṁ sitâtapatraṁ

나마스 크르타 에타드 이맘 바가바타 사 타타가토스니삼
시타타파트람

नमपराजितम् प्रत्यङ्गिरा र्सव देव नमर्स्क्तां र्सव देवेयः पुजितं र्सव देवश्च परिपालितं र्सव भुात ग्रह

namaparājitam pratyaṅgirā sarva deva namaskrtām sarva devebhyah pūjitam sarva deveśca paripālitam sarva bhūta graha

나마파라지탐 프라트얀기라 사르바 데바 나마스크르탐 사르바
데베브야흐 푸지탐 사르바 데베스차 파리파리탐 사르바 부타 그라하

निग्रह करानि पर विद्या छेदानि

nigraha karanī para vidyā chedanī

니그라하 카라니 파라 비드야 체다니

अकाल मृत्यु परि त्तायन करि र्सव भन्धन मेक्सानि करि

akāla mṛtyu pari trāyana karī sarva bhandhana moksaī kari

아카라 무르트유 파리 트리야나 카리 사르바 반나나 보크사니 카리

र्सव दुस्त दुह्स्वप्न निवारानि चतुराशितानिं

sarva duṣṭa duḥsvapna nivāranī caturāśītīnām

사르바 두스타 두흐스바프나 니바라니 차투라시티남

ग्रह सहस्रनाम् विध्वंसन करि

graha sahasrānām vidhvamsana karī

그라하 사하스라남 비드흐밤사나 카리

अस्तविंशतिनां नक्सत्रानां प्रसादन करि

astavim-śatīnām naksatrānām prasādana karī

아스타빔사티남 나크가트라남 프라사다나 카리

अस्तानाम् महा ग्रहानां विध्वंसन करि

astānām mahā grahānām vidhvamsana karī

아스타남 마하 그라하남 비드밤사나 카리

सर्व शत्रु निवारनाम् गुराम् दुझस्वप्नानं च नाशनि

sarva śatru nivāranām gurām duhsvapnām ca nāśnī

사르바 사트루 니바라남 구람 두흐스바프나남 차 나사니

विस शस्त्र अग्नि उद्करनं ापराजितगुरा

visa śastra agni udakaranām aparājitagurā

비사 사스트라 아그니 우다카라남 아파라지타구라

महा बल महा प्रचन्दि महा दिप्ता महा तेजाझ महा श्वेत महा ज्वाला

mahā bala mahā pracandī mahā dīptā mahā tejāh mahā śveta mahā jvālā

마하 바라 마하 프라찬티 마하 디프타 마하 테자흐 마하 스베타 마하 즈바라

महा बल पान्दर वासिनि आया तारा भृकुति

mahā bala pāndara vāsinī āryā tārā bhrkutī

마하 바라 판다라 바시니 아르야 타라 브흐르쿠티

चैव विजया वज्र मालेति विस्रुता पद्मका

caiva vijayā vajra māleti viśrutā padmakā

차이바 비자야 바즈라 마레티 비스루타 파드마카

वज्र जिवना च माला चैव अपराजिता वज्र दन्दि

vajra jivanā ca mālā caiva aparājitā vajra dandi

바즈라 지바나 차 마라 차이바 아파라지타 바즈라 단디

विशाला च शंता शवितिव पुजिता षौम्य रुपा माहा श्वेत

viśālā ca śamtā śavitiva pūjitā saumya rūpā māhā śveta

비사라 차 삼타 사비티바 푸지타 사움야 루파 마하 스베타

आंया तारा महा बला अपर वज्र शंकल चैव
ārya tārā mahā balā apara vajra śamkalā caiva
아르야 타라 마하 바라 아파라 바즈라 삼카라 차이바

वज्र कुमारि कुलन् दारि वज्र हस्त चैव
vajra kumara kulan dare vajra hasta caiva
바즈라 쿠마리 쿠란 다리 바즈라 하스타 차이바

विद्या कान्चन मलिका कुसुंभ रत्ना
vidyā kāñcana mālikā kusumbha ratnā
비드야 칸차나 마리카 쿠숨바 라트나

वैरोचन क्रिया अंठस्नीसां विर्जंभमानि च
vairocana kriyā arthosnīsām vijrmbhamānī ca
바이로차나 크리야 아르토스니삼 비즈름바마니 차

वज्र कनक प्रभा लेचना वज्र तुन्दि च
vajra kanaka prabhā locanā vajra tunedī ca
바즈라 카나카 프라바 로차나 바즈라 툰디 차

स्वेता च कमलक्सा शशि प्रभ इत्यू एतए मुद्रा गनाः
svetā ca kamalaksā śaśi prabhā ity ete mudrā ganāh
스베타 차 카마락사 사시 프라바 이트예 에테 무드라 가나흐

सर्वे रक्सां कुर्वन्तु इत्तं ममश्य
sarve raksām kurvantu ittam mamaśya
사르베 라크삼 쿠르반투 이땀 마마스야

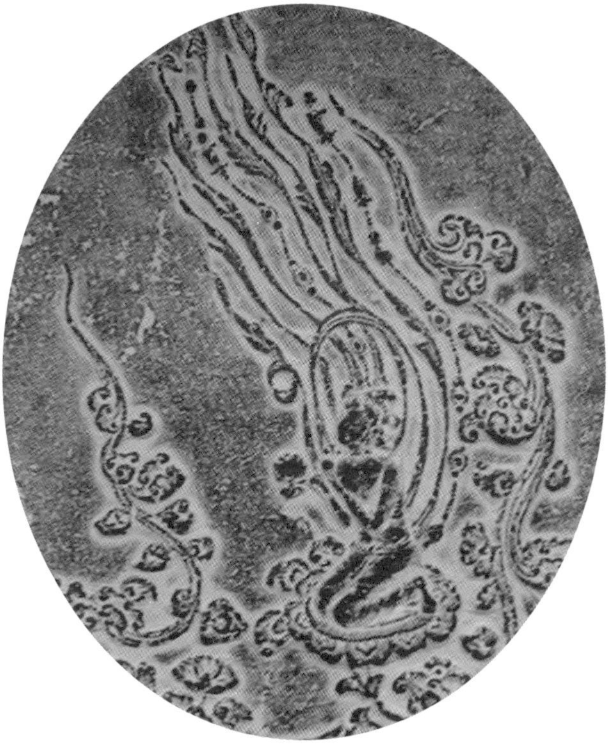

2회 석존응화회(釋尊應化會)

ॐ ऋषि गन प्रशस्त सतथागतेस्नासं

om rsi gana praśasta satathāgatosnīsam

옴 르시 가나 프라사스타 사 타타가토스니삼

हुं त्रुं जंभन हुं त्रुं स्तंभन मेहन

hūm trūm jambhana hūm trūm stambhana mohana mathāna

훔 트룸 잠바나 훔 트룸 스탐바나 모하나 마타나

हुं त्रुं पर विद्या सं भक्सन कर

hūm trūm para vidyā sam bhaksana kara

훔 트룸 파라 비드야 삼 바크사나 카라

हुं त्रुं दुसृतानं सं भक्सन कर

hūm trūm dustanam sam bhaksana kara

훔 트룸 두스타남 삼 바크사나 카라

हुं त्रुं सर्व यक्स राक्सस ग्रहानां

hūm trūm sarva yaksa rāksasa grahānām

훔 트룸 사르바 야크사 라크사사 그라하남

विध्वंसन कर हुं त्रुं चतुरसातिानं

vidhvamasana kara hūm trūm caturaśītīnam

비드밤사나 카라 훔 트룸 차투라시티남

ग्रह सहस्रानां विध्वंसन कर हुं त्रुं

graha sahasrānām vidhvamsana kara hum trūm

그라하 사하스라남 비드밤사나 카라 훔 트룸

अस्त विंसतिनां नक्षत्रानं

asta vimsatinām naksatranam

아스타 빔사티남 나크사트라남

प्ररसदन कर हुं त्रुं रक्स

prasadana kara hūm trūm raksa

프라사다나 카라 훔 트룸 라크사

बागव् स्तथागते स्नास
bagavan stathagato snīsa
바가반 스타타가토 스니사

प्रत्यन्गिरे महा सहस्त्र बुजे सहस्त्र र्शस
pratyangire mahā sahasra bhuje sahasra śirsa
프라트얀기레 마하 사하스라 부제 사하스라 시르사

कोति शत सहस्त्रर नेत्रे अभेद्म ज्वलित नतनक
kotī śata sahasrara netre abhedya jvalita natanaka
코티 사타 사하스라라 네트르 아베드야 즈발리타 나타나카

महा वज्र दार त्रिभुवन मन्दल
mahā vajra dāra tribhuvana mandala
마하 바즈라 다라 트리부바나 만달라

ॐ स्वसर्ति र्भवतु मम इत्तं ममश्य
om svastir bharvatu mama ittam mamaśya
옴 스바스티르 바르바투 마마 이땀 마마스야

3회 관음합동회(觀音合同會)

राजा भयाः चेर भयाः अग्न भयाः उदक भयाः
rajā bhayāh cora bhayāh agni bhayāh udaka bhayāh
라자 바야흐 초라 바야흐 아그니 바야흐 우다카 바야흐

विस भयाः शस्त्र भयाः पर चक्र भयाः
visa bhayāh śastra bhayāh para cakra bhayāh
비사 바야흐 사스트라 바야흐 파라 차크라 바야흐

दुर्भिकस भयाः अशनि भयाः अकाल मृत्यु भयाः
durbhiksa bhayāh aśani bhayāh akāla mrtyu bhayāh
두르비크사 바야흐 아사니 바야흐 아카라 므르트유 바야흐

धरनिा भुमिा कंप भयाः उल्का पात भयाः
daranī bhūmī kampa bhayāh ulkā pāta bhayāh
다라니 부미 캄파 바야흐 울카 파타 바야흐

राजा दन्द् भयाः नाग भयाः विधुत् भयाः
raja danda bhayāh nāga bhayāh vidyut bhayāh
라자 단다 바야흐 나가 바야흐 비드유트 바야흐

सुर्पना भयाः यक्स ग्रहाः राक्सस ग्रहाः
suparnā bhayāh yaksa grahāh rāksasa grahāh
수파르나 바야흐 약사 그라하흐 라크사사 그라하흐

प्रेत ग्रहाः पिशाच ग्रहाः भुात ग्रहाः
preta grahāh piśāca grahāh bhūta grahāh
프레타 그라하흐 피사차 그라하흐 부타 그라하흐

कुंभान्द् ग्रहाः पुातना ग्रहाः कत पुातना ग्रहाः
kumbhānda grahāh pūtanā grahāh kata pūtanā grahāh
쿰반다 그라하흐 푸타나 그라하흐 카타 푸타나 그라하흐

स्कन्द् ग्रहाः अप स्मार ग्रहाः उन्माद् ग्रहाः
skanda grahāh apa smāra grahāh unmāda grahāh
스칸다 그라하흐 아파 스마라 그라하흐 운마다 그라하흐

चाया ग्रहाः हृपाति ग्रहाः जाताहारिनां

chāyā grahāh hrpāt grahāh jātāhārinām

차야 그라하흐 흐르파트 그라하흐 자타하리남

गर्भा हानिां रुधिरा हारनां माम्साहारिनां

garbhā hārinām rudhirā hārinām māmsāharinam

가르바 하리남 루드히라 하리남 맘사하리남

मेदा हारिनां मज्जा हारनां ओजस् हारिन्याः जिविता हरिनां

medā hārinām majjā hārinām ojas hārinyāh jivitā hārinām

메다 하리남 마짜 하리남 오자스 하린야흐 지비타 하리남

वासा हारिनां वान्ता हारिनां अशुच्य हारिन्यः चित्त हारिन्यः

vāsā hārinām vāntā hārinām aśucyā hārinyāh cittā hārinyāh

바사 하리남 반타 하리남 아수츠야 하린야흐 치따 하린야흐

तेसं सर्वेसां सर्व ग्रहानां विद्यां छेद यामि

tesām sarvesām sarva grahānām vidyām cheda yāmi

테삼 사르베삼 사르바 그라하남 비드얌 체다 야미

किल यामि परि व्रजक क्रतां विद्यां छेद् यामि
kila yāmi pari vrajaka krtām vidyā cheda yāmi
키라 야미 파리 브라자카 크르탐 비드야 체다 야미

किाल यामि दक दाकिनिा र्क्तं विद्यां छेद् यामि
kila yāmi daka dākinī krtām vidyām cheda yāmi
키라 야미 다카 다키니 크르탐 비드얌 체다 야미

किाल यामि महा पसुपताय रुद्र र्क्तां
kila yāmi mahā paśupatāya rudra krtām
키라 야미 마하 파수파타야 루드라 크르탐

विद्यां छेद् यामि किाल यामि नारायन र्क्तां
vidyām cheda yāmi kīla yāmi nārāyana krtām
비드얌 체다 야미 키라 야미 나라야나 크르탐

विद्यां छेद् यामि किाल यामि तत्त्व गरुदेशो र्क्तां
vidyām cheda yāmi kīla yāmi tattva garudeśe krtām
비드얌 체다 야미 키라 야미 타트바 가루데세 크르탐

विद्यां छेद् यामि किाल यामि महा काल

vidyām cheda yāmi kīla yāmi mahā kāla

비드얌 체다 야미 키라 야미 마하 카라

मातृ गन र्क्तं विद्यां छेद् यामि काल यामि

mātr gana krtām vidyām cheda yāmi kīla yāmi

마트르 가나 크르탐 비드얌 체다 야미 키라 야미

कापालिक र्क्तं विद्यां छेद् यामि किाल यामि

kāpālika krtām vidyām cheda yāmi kīla yāmi

카파리카 크르탐 비드얌 체다 야미 키라 야미

जय कर मदु कर र्सर्वंथ साधहन र्क्तां

jaya kara madhu kara sarvartha sādhana krtām

자야 카라 마두 카라 사르바르타 사다나 크르탐

विद्यां छेद् यामि किाल यामि चर्तु भगिनि र्क्तां

vidyām cheda yāmi kīla yāmi catur bhāgini krtām

비드얌 체다 야미 키라 야미 차투르 바기니 크르탐

विद्यां छेद् यामि किाल यामि भ्ंनगि रिति

vidyām cheda yāmi kīla yāmi bhrngi riti

비드얌 체다 야미 키라 야미 브른기 리티

नन्दकेश्वर गन पति सहेय क्तां

nadakeśvara gana pati saheya krtām

나다케스바라 가나 파티 사헤야 크르탐

विद्यां छेद् यामि किाल यामि

vidyām cheda yāmi kīla yāmi

비드얌 체다 야미 키라 야미

ब्रह्म क्तां रुद्र क्तां नरयान क्तां विद्यां छेद् यामि

brahma krtām rudra krtām naryāna krtām vidyām cheda yāmi

브라흐마 크르탐 루드라 크르탐 나라야나 크르탐 비드얌 체다 야미

किाल यामि अरहत् क्तां विद्यां छेद् यामि

kīla yāmi arhat krtām vidyām cheda yāmi

키라 야미 아르하트 크르탐 비드얌 체다 야미

किल यामि वित राग क्र्तां विद्यां छेद् यामि
kīla yāmi vīta rāga krtām vidyām cheda yāmi
키라 야미 비타 라가 크르탐 비드얌 체다 야미

किल यामि वज्र पानि वज्र पानि गुह्य गुह्य
kīla yāmi vajra pāni vajra pāni guhya guhya
키라 야미 바즈라 파니 바즈라 파니 구흐야 구흐야

खदि पति क्र्तां विद्यां छेद् यामि
kadhi pati krtām vidyām cheda yāmi
카디 파티 크르탐 비드얌 체다 야미

किल यामि रक्सामं भगव् इत्तम् ममश्य
kīla yāmi raksamām bhagavan ittam mamaśya
키라 야미 라크사맘 바가반 이탐 마마스야

4회 강장절섭회(剛藏折攝會)

भगवान् तथागतेष्निष सिततपत्र नमे स्तुते

bagavan tathāgatosnisa sitatapatra namo stute

바가반 타타가토스니사 시타타파트라 나모 스투테

असित नलर्क प्रभा स्फुत

asita nalarka prabhā sphuta

아시타 나라르카 프라바 스푸타

विका सिततपत्रे ज्वल ज्वल धक धक विधक विधक दल दल

vikā sitatapatre jvala jvala dhaka dhaka vidhaka vidhaka dala dala

비카 시타타파트레 즈바라 즈바라 다카 다카 비다카 비다카 다라 다라

विदल विदल छेद छेद हुं हुं फत्

vidala vidala cheda cheda hūm hūm phat

비다라 비다라 체다 체다 훔 훔 파트

फत् फत् फत् फत् स्वाहा हेहे फत्अमेगाय फत्

phat phat phat phat svāhā hehe phat amoghāya phat

파트 파트 파트 파트 스바하 헤헤 파트 아모가야 파트

अप्रतिहता फत् वर प्रदा फत् असुर विद्र वका फत्

apratihatā phat vara pradā phat asura vidra vakā phat

아프라티하타 파트 바라 프라다 파트 아수라 비드라 바카 파트

र्सव देवेब्यः फत् र्सव नागेव्यः फत् र्सव यक्सेव्यः फत्

sarva dehevebhyah phat sarva nāgebhyah phat sarva yaksebhyah phat

사르바 데베브야흐 파트 사르바 나게브야흐 파트 사르바 야크세브야흐 파트

र्सव गन्धर्वेव्यः फत् र्सव असुरेब्यः फद् फत् असुरेब्यः फत्

sarva gandharvebhyah phat sarva asurebya phat kata asurebya phat

사르바 간다르베브야흐 파트 사르바 아수레브야 파트 카타 아수레브야 파트

र्सव गरुदेव्यः फत् र्सव किन्नरेव्यः फत् र्सव महेरगेव्यः फत्

sarva garuḍevyah phat sarva kinrebyah phat sarva mahoragebyah phat

사르바 가루데브야흐 파트 사르바 킨레브야흐 파트 사르바 마호라게브야흐 파트

सर्व रक्षेव्यः फत् सर्व मनुषेव्यः फत् सर्व
अमनुषेव्यः फत्

sarva raksebyah phat sarva manusebyah phat sarva
amanusebyah phat

사르바 라크세브야흐 파트 사르바 마누세브야흐 파트 사르바
아마누세브야흐 파트

सर्व भुानेव्यः फत् सर्व पिशाच्चेव्यः फत् सर्व
कम्भाण्डः व्यः फत्

sarva bhūtebhyah phat sarva piśācebhyah phat sarva
kumbhaṇḍbhyah phat

사르바 부테브야흐 파트 사르바 피사체브야흐 파트 사르바
쿰반데브야흐 파트

सर्व र्दुलरैवहितेव्य फत् सर्व दुस्प्रक्सितेव्यः फत्

sarva durlanghitebhyah phat sarva duspreksitebhyah phat

사르바 두르랑기테브야흐 파트 사르바 두스프레크시테브야흐 파트

सर्व ज्वरे भब्यः फत् सर्व अपस्मारेब्यः फत्

sarva jvare bhyah phat sarva apasmārebhyah phat

사르바 즈바레 브야흐 파트 사르바 아파스마레브야흐 파트

र्सव स्त्रमनेब्यः फत र्सव तिर्थिकेभयः फत्
sarva śramanebhyah phat sarva tīrthikebhah phat
사르바 스라마네브야흐 파트 사르바 티르티케브야흐 파트

र्सव उन्मत्तकेब्यः फत् र्सव विद्याराजचार्ये भयः फत्
sarva unmattakebhyah phat sarva vidyārājacārye bhyah phat
사르바 운마따케브야흐 파트 사르바 비드야라자차르예 브야흐 파트

जय कर मदु कर र्सर्वथ सधकेयः फत्
jaya kara madhu kara sarvartha sadhakebhyah phat
자야 카라 마두 카라 사르바르타 사다케브야흐 파트

विद्यचार्येब्यः फत् चर्तु भगिनिाभ्य फत्
vidyacāryebhyah phat catur bhaginibhyah phat
비드야차르예브야흐 파트 차투르 바기니브야흐 파트

वज्र कुमारिब्यः फत् वज्र कुरन्दरिब्यः फत्
vajra kumāribhyah phat vajra kurandaribhyah phat
바즈라 쿠마리브야흐 파트 바즈라 쿠란다리브야흐 파트

विद्या राजेभ्यः फत् महा प्रत्यन्गिरेयः फत्

vidyā rājebhyah phat mahā pratyangirebhyah phat

비드야 라제브야흐 파트 마하 프라트얀기레브야흐 파트

वज्र शंकलाय फत् प्रत्यन्गिर राजाय फत्

vajra śamkalāya phat pratyangira rājāya phat

바즈라 삼카라야 파트 프라트얀기라 라자야 파트

महा कालाय महा मातृ गण नमस् कृताय फत्

mahā kālāya mahā mātr gaṇa namas krtāya phat

마하 칼라야 마하 마트르 가나 나마스 크르타야 파트

इन्द्राय फत् विष्णुवियि फत् वरकिये फत्

indrāya phat visnuvīye phat varakiye phat

인드라야 파트 비스누비예 파트 바라키예 파트

विष्णुवियि फत् ब्रह्मानिाये फत् वरकिये फत्
अगनिाये फत्

viṣñuvīye phat brahmāṇīye phat varakiye phat
agnīye phat

비스누비예 파트 브라흐마니예 파트 바라키예 파트
아그니예 파트

महा कालाय फत् काल दन्दाय फद् इन्द्राय फत्
mahā kālāya phat kāla dandāya phat indraya phat
마하 칼라야 파트 칼라 단다야 파트 인드라야 파트

चामुन्दाये फत् रौद्र फत् कलरातरिाये फत्
cāmundāye phat raudrye phat kalarātrīye phat
차문다예 파트 라우드리예 파트 칼라라트리예 파트

कापालिये फत् अधि मुक्तिताक स्मासान वासिनिाये फत्
kāpāliye phat ādhi muktitāka smasāna vāsinīye phat
카파리예 파트 아디 무크티타카 스마사나 바시니예 파트

येकेचिछ सत्त्वाहस्य मम इत्तं ममस्य
yekecid sattvāhsya mama ittam mamaśya
예케치드 사뜨바흐스예 마마 이땀 마마스야

5회 문수홍전회(文殊弘傳會)

पाप चित्ताः दुष्ट चित्ताः रौद्र चित्ताः पाप चित्ताः
विद्धेश चित्ताः अमैत्र चित्ताः उत्पाद् यन्ति किल यन्ति
मन्त्र यन्ति जपन्ति जे हन्ति ओजाहारः गर्भाहारः

papa cittāh dusṭa cittāh raudra cittāh papa cittāh vidveaśa cittāh amaitra cittāh utpāda yanti kīla yanti mantra yanti japanti johanti ojāhārah garbhāhārah

파파 치타흐 두스타 치타흐 라우드라 치타흐 파파 치타흐 비드베사 치타흐 마이트라 치타흐 우트파다 얀티 킬라 얀티 만트라 얀티 자판티 조한티 오자하라흐 가르바하라흐

रुधिराहारः मेद्हारः मांसाहारः वसाहारः मज्जाहरः
जाताहारः

rūdhirāhārah medahārah māmsāhārah vasahārah majjhārah jātāhārah

루디라하라흐 메다하라흐 맘사하라흐 바사하라흐 마짜하라흐 자타하라흐

जिविताहारः बल्याहारः माल्याहारः गन्धाहारः पुस्पाहारः

jīvitāhārah balyāhārah mālyāhārah gandhāhārah puspāhārah

지비타하라흐 발야하라흐 말야하라흐 간다하라흐 푸스파하라흐

फलाहारः सस्याहाराः पाप चित्ताः दुस्त चित्ताः

phalāhārah sasyāhārah pāpa cittāh dusta cittāh

팔라하라흐 사스야하라흐 파파 치타흐 두스타 치타흐

रउद्र चित्ताः दे व ग्रहाः नाग ग्रहाः यश्र ग्रहाः
राश्रस ग्रहाः आसुर ग्रहाःगरुड ग्रहाः किन्द्र ग्रहाः
महोर ग्रहाः

raudra cittāh deva grahāh nāga grahāh yaṣka grahāh
rāksasa grahāh asura grahāh garuda grahāh kindara grahāh
mahora grahāh

라우드라 치타흐 데바 그라하흐 나가 그라하흐 야크사 그라하흐
라크사사 그라하흐 아수라 그라하흐 가루다 그라하흐 킨다라 그라하흐
마호라 그라하흐

प्रेत ग्रहाः पिसच ग्रहाः भुात ग्रहाः

preta grahāh piśaca grahāh bhūta grahāh

프레타 그라하흐 피사차 그라하흐 부타 그라하흐

कुंभणड ग्रहाः स्कन्द ग्रहाः उन्माद ग्रहाः

kumbhāṇḍa grahāh skanda grahāh unmāda grahāh

쿰반다 그라하흐 스칸다 그라하흐 운마다 그라하흐

छाया ग्रहाः अप स्मार ग्रहाः दाक दीकिनि ग्रहाः
chāyā grahāh apa smāra grahāh dāka dākinī grahāh
차야 그라하흐 아파 스마라 그라하흐 다카 다키니 그라하흐

रेवति ग्रहाः जमिक ग्रहाः शकुनि ग्रहाः
revatī grahāh jamika grahāh śakuni grahāh
레바티 그라하흐 자미카 그라하흐 사쿠니 그라하흐

मन्त्र नन्दिक ग्रहाः आलम्बा ग्रहाः हनु
कन्थपानि ग्रहाः
mantra nandika grahāh ālambā grahāh hanu
kanthapāni grahāh
만트라 난디카 그라하흐 아람바 그라하흐 하누 칸타파니 그라하흐

ज्वरा एक हिक्का द्धइ५त यका त्रइतियका चार्तुयका ज्वरा
jvarā eka hikkā dvaitī yakā traitīyakā cāturthakā jvarā
즈바라 에카 히까 드바이티 야카 트라이티야카 차투르타카 즈바라

नित्य ज्वरा विसम ज्वर वातिका पइत्तिका
nitya jvarā visama jvarā vātika paittikā
니트야 즈바라 비사마 즈바라 바티카 파이띠카

श्लेस्मिका संनिपातिका सर्व ज्वरा शिरोर्ति
ślesmika samnipātikā sarva jvarā śirorti
스레스미카 삼니파티카 사르바 즈바라 시로르티

अर्ध अव बाधका अक्षि रोगः मुख रोगः हृद रोगः
ardha ava bādhakā akṣi rogah mukha rogah hṛda rogah
아르다 아바 바다카 악시 로가흐 무카 로가흐 흐르다 로가흐

गल शुलं कर्ण शुलं
gala śūlam karṇa śūlam
갈라 수람 카르나 수람

दन्त शुलं हृदय शुलं
danta śūlam ḥrdaya śūlam
단타 수람 흐르다야 수람

मर्म शुलं पार्श्व शुलं पृष्ठ शुल
marma śūlam pārśva śūlam pṛṣṭha śūlam
마르마 수람 파르스바 수람 프르스타 수람

उदर शुालं कटी शुालं वस्ति शुालं

udara śūlam kaṭi śūlam vasti śūlam

우다라 수람 카티 수람 바스티 수람

उारु शुाल जङ्घ शुालं हस्त शुालं पद शुालं

ūru śūlam janghā śūlam hasta śūlam pada śūlam

우루 수람 장가 수람 하스타 수람 파다 수람

सर्वाङ्ग प्रत्यङ्ग सुालं भुात वेताद्

sarvaṅga pratyanga śūlam bhūta vetāda

사르방가 프라트양가 수람 부타 베타다

दाकिनि जिवल दर्दु कण्डु किटिभ लुता

dākinī jīvala daduru kaṇḍu kiṭibha lūtā

다키니 지바라 다두루 칸두 키티바 루타

वैर्संपा लेह लिङ्गः सुास त्रसान कर विस यक

vaisarpā loha lingah śūsa trāsana kara visa yaka

바이사르파 로하 링가흐 수사 트라사나 카라 비사 야카

अग्र उदक मारा विार कान्तार

agni udaka māra vīra kāntāra

아그니 우다카 마라 비라 칸타라

अकाल मृत्यु त्रयंबुक त्रैलात वृश्चिक

akāla mṛtyu tryambuka trailāta vrścika

아카라 므르트유 트르얌부카 트라이라타 브르치카

र्संप नाकुल सिंह व्याग्झरर्क्स तरक्स चमर

sarpa nakula simha vyāghrarksa taraksa camara

사르파 나쿠라 심하 브야그르라르크사 타라크사 차마라

जिावस् तेषां सर्विसां सिततपत्रा

jīvas teṣāṁ sarvesām sitatapatrā

지바스 테삼 사르베삼 시타타파트라

महा वज्रे ष्निासां महा प्रत्यङ्गिरां

mahā vajro snīsām mahā pratyangirām

마하 바즈로 스니삼 마하 프라트양기람

यावत् द्धा दाश येजन भ्यन्तरेन विद्या बन्धं करेमि

yāvat dvā daśa yojana bhyantarena vidyā bandham karomi

야바트 드바 다사 요자나 브얀타레나 비드야 반담 카로미

सिंम बन्धं करेमि दिश बन्धं करेमि पर विद्या
बन्धं करेमि

sīmā bandham karomi diśa bandham karomi para vidyā
bandham karomi

심마 반담 카로미 디사 반담 카로미 파라 비드야
반담 카로미

तेजे बन्धं करेमि हस्त बन्धं करेमि पद् बन्धं
करेमि र्सवङ्ग बन्धं करेमि तद्यया
ॐ अनले विशदे विर वज्र धरे

tejo bandham karomi hasta bandham karomi pada bandham
karomi sarvānga bandham karomi tadyathā
om anale viśade vīra vajra dhare

테조 반담 카로미 하스타 반담 카로미 파다 반담
카로미 사르방가 반담 카로미 타드야타
옴 아나레 비사데 비라 바즈라 디레

बन्ध बन्धनि वज्र पनि फत् हुं हुं फत् स्वाहा

bandha bandhani vajrā pani phat hūm trūm phat svāhā

반다 반다니 바즈라 파니 파트 훔 트룸 파트 스바하

नमे सततागताय सुगताय अर्हते संम्यक् संबुद्धाय
सिद्धयंतु मन्त्रपद स्वाहा

namo satathāgatāya sugatāyarhate samyaksambuddhāya
siddhyamtu mantrapadā svāhā

나모 사타타가타야 수가타야르하테 삼약삼부따야
시뜨얌투 만트라파다 스바하

부록

- 용어 찾아보기
- 산스크리트(梵語) 발음
- 실담어(悉曇語) 발음

용어 찾아보기

니르바나(Nirvana)

열반(涅槃)을 말하며 해탈(解脫) 또는 적멸(寂滅)을 말한다.

완전히 번뇌의 불이 꺼져 깨달음을 완성한 경지.

다르마 차크라(Dharma Chakra)

법륜(法輪)으로 해석되며 부처님의 가르침을 전륜성왕(轉輪聖王)이 가지고 있는 진리의 바퀴를 돌리는 보물을 말한다.

다타가타(Tathagata)

여래(如來)를 말하며 진여(眞如)에서 나타났고 진리이며 위없는 무상(無上)의 부처님을 말하며 부처님의 10가지 이름중의 하나.

데바칸야(Devakanya)

천녀(天女)이며 천상에 사는 여인이며 색계와 무색계가 끊어졌으므로 남녀구분이 없을 정도이다.

로카(Loka)

세간(世間) 또는 세계를 말한다.

루드라(Rudra)

신(神), 천명(天名), 가외(可畏)로 번역된다.

마하락쉬미(Mahalakshmi)

대길상천(大吉祥天)으로 번역되며 부의 여신으로도 알려져 있다.

마하칼라(Mahakala)

대흑천(大黑天)으로 번역되며 원래 루드라(Rudra)를 말하며 포악 또는 대흑(大黑)으로 번역된다.

만다라(Mandala)

인도에서 비밀수행인 밀교(密教)수행을 할 때 악마들의 침입을 막기 위해 원형이나 방형을 그리거나 만들어 넣는 것.

만트라(Mantra)

명주(明呪) 또는 진언(眞言)이라고 칭한다.

성스러운 소리인 성음(聖音)이며 비밀스럽게 전승하여 내려오는 것이다.

바가반(Bhagavan)

바가바트(Bhagavat)라고도 말하며 세존(世尊)으로 번역하였다.

부처님 또는 여래의 10가지 이름중의 하나이다.

세상에서 가장 높은이 또는 존경 받는이를 말한다.

바이사즈야 구루(Bhaisajya Guru)

산스크리트어로는 약사(藥師)이며,
바이사쯔야구루 바이두리야(Bhaisajya Guru Bhaiduriya Prabha Raja)를 말하며 약사유리광여래(藥師琉璃光如來)를 말하며,
이 부처님은 12대원을 세워 중생의 질병을 치료하고 수명을 연장시켜 재화를 준다고 한다.
동방정유리(東方淨琉璃) 세계의 교주.

바즈라(Vajra)

산스크리트어로 천둥, 번개의 뜻인데 한역(漢譯)은 금강(金剛)으로 번역되며 어떤것에도 부숴질수 없는 가장 견고하다는 뜻이며 어떤 것에도 바뀌어지지 않는 지혜를 말한다.

보디 사뜨바(Bodhi Sattva)

보살(菩薩)로 해석되며 진리를 터득하여 중생들에게 이득이 되게 하는 이를 말한다.

브라흐마 데바(Brahma Deva)

범천(梵天)이며 색계(色界)의 초선천(初禪天)의 주인인 범천왕(梵天王)을 말한다.

비쉬누(Vishnu)

브라흐마(Brahma), 비쉬누(Vishnu), 시바(Shiva)dls 창조, 유지, 소멸을 뜻하는 인도의 3대 신중의 하나이며 유지의 신으로 알려져 있으며 10가지의 화신으로 나타나 중생을 이롭게 한다고 알려져 있다.

사라브륵사(Saravrksa)

사라수(沙羅樹) 산스크리트 음역이며 사라수 나무라고 한다.

이 나무 밑에서 부처님이 깨달음을 얻고 또 열반을 하였다고 한다.

사마디(Samadhi)

삼매(三昧)를 말하며 편안하고 집중되어 하나로 되어 마음이 흔들리지 않는 고요한 상태에 드는 것을 말하며 다양한 수준의 삼매가 있다.

사캬무니(Sakyamuni)

한자로 석가모니(釋迦牟尼)로 음역되며 석가족의 성자라고 하며, 나중에 수행을 하여 깨달음을 얻어 부처 또는 붓다가 되었다.

사프타코티부타(Saptakotibuddha)

칠구지불모(七俱胝佛母)를 말하며 준제관음(准提觀音)을 말하며 관음보살의 무변광대한 덕을 말한다.

삼가(Samgha)

승가(僧家)를 말하며 스님들의 공동체인 승단(僧團)을 말한다.

삼약삼부타(Samyaksabutha)

등정각(等正覺)으로 번역되며 부처님의 열가지 이름 중의 하나.

스라바카(Sravaka)

성문(聖聞)이며 소리를 듣는 사람이라는 뜻이며 부처님 가르침을 듣고 깨닫는 이를 말한다.

아라한(Arahan)

아라하트(Arahat)이며 응공(應供), 불생(不生), 무생(無生)으로 번역되며 최고의 깨달음을 얻은 이를 말한다.

아바다타 바사나(Avadatta Vasana)

백의(白衣) 또는 재가인(在家人)을 말한다.

아수라(Asura)

아수라는 전쟁을 일삼는 귀신이며,
투쟁적인 악신(惡神)으로 알려져 있다.

약사(Yaksa)

야차(夜叉)로 번역되며 위덕(威德), 포악(暴惡)하다는 것으로 번역되었다.

인드라(Indra)

제석천(帝釋天)을 말하며 인도신화에서 가장 뛰어난 신이며 비와 천둥과 번개를 관장하며 아수라(阿修羅)나 악마들과 싸워 인류를 보호하는 신으로 알려져 있다.

칼라라트리(Kalaratri)

흑야신(黑夜神)이며 길상천(吉祥天)의 누이동생으로 항상 길상천을 따라 모신다.

트리로카(Triloka)

삼계(三界)를 말하며 모든 중생들이 이 3개의 세계를 돌며 윤회한다고 한다. 욕계(欲界),색계(色界), 무색계(無色界)를 말한다.

티르타카(Tirtaka)

외도(外道)는 인도에 있어서의 불교이 외의 가르침을 말하였다.

프레타(Preta)

아귀(餓鬼)를 말하며 전생에 악업을 짓고 탐욕을 부린자가 아귀로 태어나 괴로워한다는 것.

3가지의 아귀가 있는데 아무것을 먹을 수 없는 아귀가 있으며 고름과 피를 먹는아귀가 있으며 사람이 남긴것이나 주는 것만 먹을 수 있는 아귀를 말한다.

산스크리트(梵語) 발음

모음

① अ A
② आ Ā (길게)
③ इ I
④ ई Ī (길게)
⑤ उ U
⑥ ऊ Ū (길게)
⑦ ऋ Ṛi
⑧ ॠ Ṛī (길게)
⑨ ऌ Ḷi
⑩ ए E
⑪ ऐ AI
⑫ ओ O
⑬ औ AU
⑭ अं AM (주로 ㅁ 또는 ㄴ 받침)
⑮ अः AH

<참고>

이 책에 발음된 산스크리트 '모음'

- A와 Ā 는 모두 '아'로,
- I와 Ī 는 모두 '이'로,
- U 와Ū 는 모두 '우'로,
- Ṛi와 Ṛī 는 모두 '리'로 표기

자음

⑴ 후음: क ka ख kha ग ga घ gha ङ ṅa

⑵ 구개음: च cha छ chha ज ja झ jha ञ ña य ya श śa

⑶ 반설음: ट ṭa ठ ṭha ड ḍa ढ ḍha र ra ष sha

⑷ 치음: त ta थ tha द da ध dha न na ल la स sa

⑸ 순음: प pa फ pha ब ba भ bha म ma व va

⑹ 기음: ह ha

<참고>

이 책에 발음된 산스크리트 '자음'

- ka와 kha 발음은 모두 '카' 로
- ga와 gha 발음은 모두 '가' 로,
- ja와 jha 발음은 모두 '자' 로,
- ta와 tha, ṭa, ṭha 발음은 모두 '타' 로,
- cha와 **chha** 발음은 모두 '차' 로,
- da와 dha, ḍa, **ḍha** 발음은 모두 '다' 로,
- pa와 pha 발음은 모두 '파' 로,
- ba와 bha, va 발음은 모두 '바' 로,
- s와 śa 발음은 모두 '사' 로,
- sha 발음은 '샤' 로,
- Na와 **ña** 발음은 모두 '나' 로,
- **ṅa** 발음은 주로 'o' 받침으로 표기

실담어(悉曇語) 발음

모음

① 𑖀 A

② 𑖁 Ā (길게)

③ 𑖂 I

④ 𑖃 Ī (길게)

⑤ 𑖄 U

⑥ 𑖅 Ū (길게)

⑦ 𑖆 Ṛi

⑧ 𑖇 Ṛī (길게)

⑨ 𑖈 Ḷi

⑩ 𑖉 Ḷī (길게)

⑪ 𑖊 E

⑫ 𑖋 AI

⑬ 𑖌 O

⑭ 𑖍 AU

⑮ 𑖀𑖽 AM (주로 ㅁ 또는 ㄴ 받침)

⑯ 𑖀𑖾 AH

<참고>

이 책에 발음된 실담어 '모음'

• A와 Ā 는 모두 '아'로, • I와 Ī 는 모두 '이'로,

• U 와Ū 는 모두 '우'로, • Ṛi와 Ṛī 는 모두 '리로 표기

자음

⑴ 후음(喉音) : ka kha ga gha ṅa

⑵ 구개음(口蓋音) : cha chha ja jha ña

⑶ 반설음(半舌音) : ṭa ṭha ḍa ḍha ṇa

⑷ 치음(齒音) : ta tha da dha na

⑸ 순음(脣音) : pa pha ba bha ma

⑹ 반모음(半母音) : ya ra la va

⑺ 마찰음(摩擦音) : śa ṣa sa

⑻ 기음(基音) : ha

<참고>

이 책에 발음된 실담어 "자음'

- ka와 **kha** 발음은 모두 '카' 로
- ga와 gha 발음은 모두 '가' 로,
- ja와 **jha** 발음은 모두 '자' 로,
- ta와 **tha,** ṭa, ṭha 발음은 모두 '타' 로,
- cha와 chha 발음은 모두 '차' 로,
- da와 **dha, ḍa, ḍha** 발음은 모두 '다' 로,
- pa와 pha 발음은 모두 '파' 로,
- ba와 bha, va 발음은 모두 '바' 로,
- s와 śa 발음은 모두 '사' 로,
- **sha** 발음은 '샤' 로,
- Na와 **ña** 발음은 모두 '나' 로,
- **ṅa** 발음은 주로 'o' 받침으로 표기